普通高等学校本科
外国语言文学类专业教学指南

上

英语类专业教学指南

教育部高等学校外国语言文学类专业教学指导委员会
英语专业教学指导分委员会
编著

外语教学与研究出版社
FOREIGN LANGUAGE TEACHING AND RESEARCH PRESS
北京 BEIJING

图书在版编目（CIP）数据

普通高等学校本科外国语言文学类专业教学指南．上，英语类专业教学指南 / 教育部高等学校外国语言文学类专业教学指导委员会英语专业教学指导分委员会编著．-- 北京 ：外语教学与研究出版社，2020.3（2023.7 重印）
ISBN 978-7-5213-1608-7

Ⅰ．①普… Ⅱ．①教… Ⅲ．①外语教学－教学研究－高等学校②英语－教学研究－高等学校 Ⅳ．①H09②H319.3

中国版本图书馆 CIP 数据核字（2020）第 041261 号

出 版 人　王　芳
责任编辑　卫　昱
责任校对　王　茜
封面设计　涂　俐
版式设计　付玉梅
出版发行　外语教学与研究出版社
社　　址　北京市西三环北路 19 号（100089）
网　　址　https://www.fltrp.com
印　　刷　北京虎彩文化传播有限公司
开　　本　730×980　1/16
印　　张　7
版　　次　2020 年 4 月第 1 版　2023 年 7 月第 9 次印刷
书　　号　ISBN 978-7-5213-1608-7
定　　价　29.00 元

如有图书采购需求，图书内容或印刷装订等问题，侵权、盗版书籍等线索，请拨打以下电话或关注官方服务号：
客服电话：400 898 7008
官方服务号：微信搜索并关注公众号“外研社官方服务号”
外研社购书网址：https://fltrp.tmall.com

物料号：316080001

记载人类文明
沟通世界文化
www.fltrp.com

总 序

历经改革开放40余年的蓬勃发展，我国高等教育开启了从教育大国迈向教育强国的新征程。进入新时代的中国高等教育凸显三大主题：其一，中国高等教育规模跃居全球领先地位，整体上达到世界中上水平，开始进入世界高等教育发展第一方阵，与世界高等教育的理念、标准等最新发展潮流同频共振，追赶与超越、借鉴与自主、跟跑与领跑交织交融。其二，党的十九大吹响了建设教育强国的号角，提出“建设教育强国是中华民族伟大复兴的基础工程”；习近平总书记在全国教育大会上强调“坚持把优先发展教育事业作为推动党和国家各项事业发展的重要先手棋”。其三，教育部明确提出把本科教育放在人才培养的核心地位、教育教学的基础地位、新时代教育发展的前沿地位，这标志着高等教育进入全面提高人才培养能力的新阶段。

在此背景下，教育部于2018年1月发布了《普通高等学校本科专业类教学质量国家标准（外国语言文学类）》（以下简称“《国标》”），这是我国外语教育历史上由教育部颁布的第一个覆盖外语类各专业的高等教育教学质量国家标准。为了贯彻落实《国标》各项原则和规定，教育部高等学校外国语言文学类专业教学指导委员会（以下简称“外指委”）于2020年春出版《普通高等学校本科外国语言文学类专业教学指南》（试行）（以下简称“《指南》”）。

《指南》分上、下两册。上册是英语类三个专业（英语、翻译、商务英语）的教学指南。下册包括俄语、德语、法语、西班牙语、阿拉伯语、日语、非通用语等七个专业的教学指南。各专业教学指南在结构上基本一致，均包含如下组成部分：概述，适用专业范围，培养目标，培养规格，学制、学分与学位，课程体系，教学计划，教学要求，教学评价，教师队伍，教学条件，质量管理，术语与释义，专业核心课程描述（附录）。

如果说《国标》为外国语言文学类专业的准入、建设和评估提供了基本原则和总体要求，那么，《指南》是对《国标》的贯彻落实，将为各专业创新发展提供行动路线和解决方案。《国标》旨在实现“政府以标准来管理、高校以标准来办学、社会以标准来监督，用标准加强引导、加强建设、加强监管”的要求。外指委希望通过《指南》，引导全国高校外国语言文学类专业点以立德树人为根本使命，以提高人才培养能力为抓手，主动对接国家经济社会发展需求，准确定位人才培养目标，不断完善人才培养方案，优化课程设置，夯实专业课程，突出能力培养，推动课堂革命，探索智能教学，促进教师发展，健全质保体系，切实提高人才培养的目标达成度和社会满意度。

当前和今后一段时期，各高校外语类专业点应深入学习领会并贯彻落实《国标》和《指南》的原则与规定：

坚持内涵发展。聚精会神抓教师发展，聚精会神抓课堂革命，聚精会神抓专业升级，全心全意促进学生成长成才。

坚持多元发展。充分发掘本校教育教学优势资源，特色发展，错位竞争，服务国家外语人才多元需求，服务地方经济社会发展多元需求，服务学生个性化发展多元需求。

坚持创新发展。大胆探索外语教育教学新理论新方法，大胆探索人才培养新模式新机制，大胆探索智能技术与外语教育深度融合新平台新路径，全面整合校内外和国内外各类人才培养资源，充分激活全体教师的教学积极性与创造力和全体学生的学习动力与潜力，不断开拓进取，为建设中国特色世界一流的高等外语教育而不懈努力，为中华民族伟大复兴和人类命运共同体构建作出新贡献。

《指南》的编写历经七个春秋，凝聚了外语界无数专家学者的心血。2013年4月1日，2013—2017年教育部高等学校外国语言文学类专业教学指导委员会成立，由此启动了《国标》和《指南》的同步研制工作。在外指委秘书处的协调下，英语分指委率先，其他各语种分指委跟进，全体外指委委员积极参与，全国外语界资深专家出谋划策，举办了无数次咨询、调查、研讨，展开了无数次文本修改和打磨，最终形成《国标》定稿并提交教育部高教司审核。2018年1月30日，教育部正式发布《国标》。

2018年11月1日，2018—2022年教育部高等学校外国语言文学类专业教学指导委员会成立。新一届外指委再接再厉，及时启动了外语类各专业在《国标》框架下对《指南》的进一步完善和定稿工作。在新一届外指委秘书处的协调下，经过整整一年的辛勤努力，各分指委圆满完成了《指南》的定稿工作。

在《国标》和《指南》的研制过程中，连续两届外指委和分指委每一位委员以及外语界众多资深专家，都作出了独特贡献，在此附上全体委员名单，一并表示诚挚感谢！在此过程中，两届外指委和分指委主要领导均发挥了关键作用，体现了对我国高等外语教育的高度责任感和担当精神，在此特别致以崇高敬意和衷心感谢！他们是：2013—2017年教育部高等学校外国语言文学类专业教学指导委员会主任委员钟美荪，副主任委员刘曙雄、贾文键、周烈、修刚、孙玉华、陆经生、曹德明、仲伟合，秘书长孙有中；2018—2022年教育部高等学校外国语言文学类专业教学指导委员会主任委员孙有中，副主任委员姜景奎、贾文键、常福良、罗林、修刚、刘宏、曹德明、蒋洪新，秘书长李莉文，副秘书长张莲。

最后，要特别感谢外语教学与研究出版社、上海外语教育出版社、高等教育出版社对外指委和各分指委工作一如既往的宝贵支持！

教育部高等学校外国语言文学类专业教学指导委员会

2013—2017年教育部高等学校外国语言文学类专业教学指导委员会名单*

外国语言文学类专业教学指导委员会

主任委员

钟美荪　北京外国语大学

副主任委员

刘曙雄　北京大学
贾文键　北京外国语大学
周　烈　北京第二外国语学院
修　刚　天津外国语大学
孙玉华　大连外国语大学
陆经生　上海外国语大学
曹德明　上海外国语大学
仲伟合　广东外语外贸大学

秘书长

孙有中　北京外国语大学

委　员

王　军　北京大学
王　建　北京大学
秦海鹰　北京大学
丁　超　北京外国语大学
于日平　北京外国语大学
刘　建　北京外国语大学
邱　鸣　北京第二外国语学院
杨言洪　对外经济贸易大学
王铭玉　天津外国语大学
刘　宏　大连外国语大学
刘利国　大连外国语大学
张绍杰　东北师范大学
魏育青　复旦大学
卫茂平　上海外国语大学
邹　申　上海外国语大学
蔡伟良　上海外国语大学
王加兴　南京大学
许　钧　南京大学
蒋洪新　湖南师范大学
林明华　广东外语外贸大学
李克勇　四川外语学院
石　坚　四川大学
户思社　西安外国语大学
刘越莲　西安外国语大学

* 此名单以教育部关于成立2013—2017年教育部高等学校教学指导委员会的通知（教高函[2013]4号）为准。

王鲁男　四川外语学院　　徐志英　云南大学
原一川　云南师范大学　　崔雅萍　西北大学
李绍山　解放军外国语学院　　李战子　解放军国际关系学院

日语专业教学指导分委员会

主任委员

修　刚　天津外国语大学

副主任委员

于日平　北京外国语大学　　邱　鸣　北京第二外国语学院
刘利国　大连外国语大学　　许宗华　解放军外国语学院

秘书长

赵冬茜　天津外国语大学

委　员

金　勋　北京大学　　王婉莹　清华大学
宋协毅　大连大学　　周异夫　吉林大学
徐　冰　东北师范大学　　许慈惠　上海外国语大学
王宝平　浙江工商大学　　李俄宪　华中师范大学
陈多友　广东外语外贸大学　　姚继中　四川外语学院
毋育新　西安外国语大学

俄语专业教学指导分委员会

主任委员

孙玉华　大连外国语大学

副主任委员

王铭玉　天津外国语大学　　刘　宏　大连外国语大学
王加兴　南京大学　　王松亭　解放军外国语学院

阿拉伯语专业教学指导分委员会

主任委员

周　烈　　北京第二外国语学院

副主任委员

杨言洪　　对外经济贸易大学　　　　蔡伟良　　上海外国语大学

秘书长

肖　凌　　北京第二外国语学院

委　员

付志明　　北京大学　　　　　　　　张　宏　　北京外国语大学

罗　林　　北京语言大学　　　　　　马福德　　西安外国语大学

王　昕　　解放军外国语学院

非通用语种类专业教学指导分委员会

主任委员

刘曙雄　　北京大学

副主任委员

丁　超　　北京外国语大学　　　　　林明华　　广东外语外贸大学

钟智翔　　解放军外国语学院

秘书长

姜景奎　　北京大学

委　员

白　湟　　北京外国语大学　　　　　任晓丽　　大连外国语大学

姜宝有　　复旦大学　　　　　　　　徐亦行　　上海外国语大学

尹海燕　　南京大学　　　　　　　　梁　远　　广西民族大学

罗文青　　四川外语学院　　　　　　陆　生　　云南民族大学

2018—2022年教育部高等学校外国语言文学类专业教学指导委员会名单

外国语言文学类专业教学指导委员会

主任委员

孙有中　北京外国语大学

副主任委员

姜景奎　北京大学
贾文键　北京外国语大学
常福良　北京外国语大学
罗　林　北京语言大学
修　刚　天津外国语大学
刘　宏　大连外国语大学
曹德明　上海外国语大学
蒋洪新　湖南师范大学

秘书长

李莉文　北京外国语大学

副秘书长

张　莲　北京外国语大学

委　员

宁　琦　北京大学
王　建　北京大学
杨国政　北京大学
王　军　北京大学
付志明　北京大学
王文斌　北京外国语大学
黄　玫　北京外国语大学
傅　荣　北京外国语大学
于日平　北京外国语大学
赵　刚　北京外国语大学
张　珂　北京第二外国语学院
肖　凌　北京第二外国语学院
邱　鸣　北京第二外国语学院
丁　隆　对外经济贸易大学
程　虹　首都经济贸易大学
陈法春　天津外国语大学

西班牙语专业教学指导分委员会

主任委员

常福良　北京外国语大学

副主任委员

王　军　北京大学

张　珂　北京第二外国语学院

于　漫　上海外国语大学

秘书长

何晓静　北京外国语大学

委员

宋海莲　中国传媒大学

郑皓瑜　对外经济贸易大学

李紫莹　北京外国语大学

张　鹏　天津外国语大学

张　蕊　吉林大学

程弋洋　复旦大学

李　静　南京大学

卢　云　浙江大学

陈　宁　广东外语外贸大学

童亚星　四川外国语大学

黄　楠　西安外国语大学

阿拉伯语专业教学指导分委员会

主任委员

罗　林　北京语言大学

副主任委员

付志明　北京大学

肖　凌　北京第二外国语学院

丁　隆　对外经济贸易大学

秘书长

周　华　北京语言大学

委　员

刘欣路　北京外国语大学

朵宸颉　天津外国语大学

段智婕　黑龙江大学

陈　杰　上海外国语大学

周　玲　浙江工商大学

曹笑笑　浙江外国语学院

金忠杰　中山大学

吴　昊　四川外国语大学

马福德　西安外国语大学

马和斌　西北民族大学

王　昕　战略支援部队信息工程大学

日语专业教学指导分委员会

主任委员

修　刚　天津外国语大学

副主任委员

于日平　北京外国语大学

邱　鸣　北京第二外国语学院

刘利国　大连外国语大学

宋协毅　大连大学

王军哲　西安外国语大学

许宗华　战略支援部队信息工程大学

秘书长

赵冬茜　天津外国语大学

委　员

金　勋　北京大学

李铭敬　中国人民大学

王婉莹　清华大学

王志松　北京师范大学

孔繁志　首都师范大学

韩立红　南开大学

周异夫　吉林大学

刘晓芳　同济大学

高　洁　上海外国语大学

王奕红　南京大学

林敏洁　南京师范大学

吴　玲　浙江工商大学

吴光辉　厦门大学

邢永凤　山东大学

葛继勇　郑州大学

赵　霞　湖北大学

前 言

改革开放以来，我国英语教育工作者持续深化教育教学改革，培养了一大批优秀的国际化人才，为改革开放和社会主义现代化建设作出了重要贡献。进入新时代，党和国家坚持对外开放的基本国策，为我国英语教育提供了新的发展机遇。

2018年，教育部颁布《普通高等学校本科专业类教学质量国家标准（外国语言文学类）》，提出外语类专业旨在"培养具有良好的综合素质、扎实的外语基本功和专业知识与能力，掌握相关专业知识，适应我国对外交流、国家与地方经济社会发展、各类涉外行业、外语教育与学术研究需要的各外语语种专业人才和复合型外语人才"。在此背景下，研制《普通高等学校本科外国语言文学类专业教学指南（上）——英语类专业教学指南》（试行）（以下简称"《指南》"），目的是为了进一步明确定位，彰显特色，凸显优势，积极推动建构中国特色英语类本科专业人才培养体系。

新时代的英语教育，机遇与挑战并存，希望与困难同在。深化英语教育教学改革，应贯彻如下理念：

第一，落实立德树人根本任务。办好英语教育，首先要解决好"培养什么人、怎样培养人、为谁培养人"这一根本问题。我们要旗帜鲜明地坚持将立德树人作为英语教育的根本，不断完善具有中国特色、中国风格、中国气派的英语教育体系，探索英语类课程思政新模式和协同育人新举措，努力培养具备沟通能力、人文素养、中国情怀、国际视野的英语专业人才和复合型英语人才。

第二，笃定服务国家发展战略。英语教育要主动服务国家战略和地方经济社会发展，满足中华文化"走出去""一带一路"建设和构建人类命运共同体对英语专业人才和复合型英语人才的强烈需求，为促进改革开放、经贸合作、人文交流和全球治理等提供坚实的智力支持和人才保障。要坚定文化自信，在文明交流互鉴中坚守中华文化立场，讲好中国故事，传播好中国声音。

第三，坚持走内涵式发展道路。英语教育本质上是人文教育，不能把英语仅仅视为一项技能，而忽视其人文社会科学的学科内涵。要进一步强化学科专业意识，强调能力、知识与人格塑造相结合的全人教育，推进英语类专业发展的系统性改革，探索多方向、跨专业、宽口径的建设思路，培养高质量的英语专业人才和复合型英语人才。

第四，不断创新教育教学方法。全面贯彻以学生为中心的教育理念，要深化人才培养体系改革，创新教学内容和教学手段，重视现代信息技术在英语教育教学中的运用，充分发挥云计算、大数据和人工智能等技术优势，努力营造课内课外、线上线下、实体虚拟相结合的智能化教学环境。

《指南》主要有以下几个特点：

第一，鼓励分类卓越、特色发展。以《国标》为基准，《指南》对英语类本科专业课程体系分别进行了界定，对核心课程进行了描述。鼓励各高等学校依据分类指导、内涵发展的原则，结合本校实际情况，确定人才培养目标、课程设置、教学计划和教学要求，彰显办学特色。

第二，强调学科交叉、复合融通。复合型人才培养离不开学科交叉和知识融通。《指南》在设计专业课程时，强调跨学科、跨文化的知识建构，在英语类专业核心课程和传统方向课程基础上，设置了比较文学与跨文化、国别和区域等方面的课程，目的在于培养学生的专业能力和跨文化能力。

第三，倡导理念创新、方法多元。智能化时代，英语的教育教学必须跟上科技创新步伐，深度融合现代信息技术，促进人才培养的理念、内容、模式和方法的改革。《指南》倡导构建以学生为中心的教学关系，引导学生进行自主学习、交互式学习和探究式学习，培养学生的创新思维和能力。

第四，注重经典阅读，健全人格。《指南》将经典阅读纳入英语类专业人才培养的整体规划，制定了一份由进阶（预备）阅读书目、必读书目和推荐阅读书目三部分组成的阅读书目。选取的经典著作与《国标》和《指南》规定的人才培养目标和教学要求相一致，彰显了大学的精神气质和全人教育的宗旨。

作为一份指导性方案，《指南》旨在从理念、目标、实践、质量等维度为全国高等学校本科英语类专业建设和人才培养提供指引，并为本科英语类专业准入、建设和评估提供参考。希望各高等学校坚持把立德树人作为根本任务，不断更新教育理念，优化课程体系，丰富学习资源，提升教学信息化水平，大力培养英语专业人才和复合型英语人才，为实现中华民族伟大复兴的中国梦作出新的更大贡献。

目　录

一、普通高等学校本科英语专业教学指南

1. 概述

英语专业隶属于外国语言文学学科，主要以英语语言、英语文学、翻译、比较文学与跨文化以及国别和区域研究等为学习和研究对象，具有跨学科特点。各普通高等学校应在参照《指南》的基础上，根据办学定位、社会需要和区域特点，制订学校的英语专业本科人才培养方案。

2. 适用专业范围

本《指南》适用于英语专业。

专业代码为050201。

3. 培养目标

英语专业旨在培养具有良好的综合素质、扎实的英语语言基本功、较强的跨文化能力、厚实的英语专业知识和必要的相关专业知识，能适应国家与地方经济建设和社会发展需要，熟练使用英语从事涉外行业、英语教育教学、学术研究等相关工作的英语专业人才和复合型英语人才。

4. 培养规格

4.1 素质要求

本专业学生应具有正确的世界观、人生观和价值观，良好的道德品质，中国情怀与国际视野，社会责任感，人文与科学素养，合作精神，创新精神，以及学科基本素养。

4.2 知识要求

本专业学生应掌握英语语言、文学和文化等基础知识，了解主要英语国家的历史、社会、政治、经济、文化、科技等基本情况；熟悉中国语言文化知

识，了解我国国情和国际发展动态；掌握本专业基础理论、基本方法和学术规范；掌握相关的人文社会科学和自然科学基础知识。

4.3 能力要求

本专业学生应具有良好的英语语言运用能力、英语文学赏析能力、英汉口笔译能力和跨文化能力；具有良好的思辨能力、终身学习能力、信息技术应用能力、创新创业能力、实践能力和一定的研究能力；具有良好的汉语表达能力和一定的第二外语运用能力。

5. 学制、学分与学位

学制：四年

总学分： 150～180学分。其中：

公共基础类课程约占30%；

专业核心课程约占30%；

专业方向课程约占25%；

实践教学环节（含毕业论文）约占15%。

学位：文学学士

6. 课程体系

本专业课程体系包括公共基础类课程、专业核心课程、专业方向课程、实践教学环节（含毕业论文）四个部分。

公共基础类课程包括公共必修课程和通识选修课程。公共必修课程一般包括思想政治理论、信息技术、体育与健康、军事理论与训练、创新创业教育、第二外语等课程；通识选修课程一般包括提升学生知识素养、道德品质与身心素质的人文社会科学和自然科学课程，各学校可根据自身办学定位、办学特色和人才培养需要开设。

专业核心课程由语言技能课程和专业知识课程组成，主要包括综合英语、英语视听说、英语口语、英语阅读、英语写作、英语语法、英语演讲与辩论、英汉/汉英笔译、英汉/汉英口译、语言学导论、英语文学导论、跨文化交际、西方文明史、中国文化概要、研究方法与学术写作等课程。

专业方向课程由专业知识课程和研究方法课程组成，分为必修课程和选修课程，主要包括语言学、文学、比较文学与跨文化、翻译、国别和区域等专业方向的系列课程。

实践教学环节包括专业实践课程、专业实习、创新创业实践、社会实践、国际交流和毕业论文（设计）等。毕业论文（设计）一般用英语撰写，正文长度一般不少于5000词，形式可为学术论文、翻译作品、实践报告、调研报告和案例分析等多种形式。按教育部有关文件要求，实践教学环节的学分应不低于英语专业总学分的15%，其中毕业论文（设计）的学分不低于总学分的3%。

7. 教学计划（参考）

7.1 公共基础类课程

表1 公共基础类课程开课计划表

<table>
<tr><th colspan="2" rowspan="2">课程类别</th><th rowspan="2">课程名称</th><th rowspan="2">总学时</th><th colspan="2">学时分配</th><th rowspan="2">学分数</th><th rowspan="2">开课学期</th><th rowspan="2">周学时</th><th rowspan="2">备注</th></tr>
<tr><th>讲授</th><th>实践(验)</th></tr>
<tr><td rowspan="2">公共基础类课程</td><td>公共必修课程</td><td colspan="7">按国家相关要求开设（含第二外语）</td><td>40学分</td></tr>
<tr><td>通识选修课程</td><td colspan="7">学校可根据自身人才培养实际需要开设</td><td>10学分</td></tr>
</table>

7.2 专业核心课程

表2 专业核心课程开课计划表

课程类别		课程名称	总学时	学时分配		学分数	开课学期	周学时	备注
				讲授	实践(验)				
专业核心课程	必修课程	综合英语（一）	64			4	1	4	学时分配栏中的讲授和实践(验)学时各校根据实际情况自行安排。
		综合英语（二）	64			4	2	4	
		综合英语（三）	64			4	3	4	
		综合英语（四）	64			4	4	4	
		英语语法	32			2	2	2	
		英语视听说（一）	32			2	1	2	
		英语视听说（二）	32			2	2	2	
		英语视听说（三）	32			2	3	2	
		英语口语	32			2	1	2	
		英语演讲与辩论（一）	32			2	2	2	
		英语演讲与辩论（二）	32			2	3	2	
		英语阅读（一）	32			2	1	2	
		英语阅读（二）	32			2	2	2	
		英语阅读（三）	32			2	3	2	
		英语写作（一）	32			2	2	2	
		英语写作（二）	32			2	3	2	
		英语写作（三）	32			2	4	2	
		英汉/汉英笔译（一）	32			2	4	2	
		英汉/汉英笔译（二）	32			2	5	2	
		英语文学导论	32			2	4	2	
		英汉/汉英口译	32			2	5	2	
		西方文明史	32			2	4	2	
		中国文化概要	32			2	5	2	
		跨文化交际	32			2	6	2	
		语言学导论	32			2	4	2	
		研究方法与学术写作	32			2	7	2	

7.3 专业方向课程

表3 专业方向课程开课计划表

课程类别		课程名称	总学时	学时分配		学分数	开课学期	周学时	备注
				讲授	实践(验)				
语言学方向课程	必修/选修课程	英汉语言对比*	32			2	5	2	1. 完整修读1个方向。该方向修读20学分，其他方向选修14学分。其中标注*课程为必修课程。 2. 学时分配栏中的讲授和实践(验)学时各校根据实际情况自行安排。
		英语史*	32			2	6	2	
		英语语音学	32			2	5	2	
		英语词汇学	32			2	5	2	
		英语句法学	32			2	5	2	
		英语文体学	32			2	6	2	
		英语语义学	32			2	6	2	
		英语语用学	32			2	6	2	
		第二语言习得	32			2	7	2	
		应用语言学	32			2	7	2	
		语言研究方法论	32			2	7	2	
		……							
文学方向课程	必修/选修课程	英国文学史*	32			2	5	2	
		美国文学史*	32			2	6	2	
		古希腊罗马神话	32			2	2	2	
		《圣经》与文学	32			2	3	2	
		英语影视文学	32			2	4	2	
		英语文学作品选读	32			2	5	2	
		英语小说选读	32			2	6	2	
		英语散文选读	32			2	6	2	
		英语戏剧选读	32			2	6	2	
		英语诗歌选读	32			2	6	2	
		文学理论与批评	32			2	7	2	
		……							
		说明：该专业方向课程也可以针对某一个国家开设，如英国小说、英国诗歌、英国散文、英国戏剧、英国文学作品选读、英国影视文学等。							

（续表）

课程类别		课程名称	总学时	学时分配		学分数	开课学期	周学时	备注
				讲授	实践(验)				
比较文学与跨文化方向课程	必修/选修课程	中外文化比较*	32			2	4	2	1. 完整修读1个方向。该方向修读20学分，其他方向选修14学分。其中标注*课程为必修课程。 2. 学时分配栏中的讲授和实践(验)学时各校根据实际情况自行安排。
		比较文学导论*	32			2	5	2	
		西方思想经典导读	32			2	5	2	
		中国思想经典导读	32			2	5	2	
		英语国家社会与文化	32			2	5	2	
		英语文学经典导读	32			2	5	2	
		中国文学经典选读	32			2	6	2	
		外国礼仪文化	32			2	6	2	
		中外比较文学研究专题	32			2	7	2	
		中外人文交流研究专题	32			2	7	2	
		跨文化研究专题	32			2	7	2	
		……							
翻译方向课程	必修/选修课程	翻译简史*	32			2	5	2	
		翻译理论与实践*	32			2	5	2	
		文学翻译	32			2	5	2	
		商务翻译	32			2	6	2	
		交替传译	32			2	6	2	
		翻译技术	32			2	6	2	
		专题口译	32			2	6	2	
		旅游翻译	32			2	6	2	
		科技翻译	32			2	6	2	
		典籍翻译	32			2	7	2	
		同声传译	32			2	7	2	
		……							

（续表）

课程类别		课程名称	总学时	学时分配		学分数	开课学期	周学时	备注
				讲授	实践(验)				
国别和区域方向课程	必修/选修课程	国际政治导论*	32			2	5	2	1. 完整修读1个方向。该方向修读20学分，其他方向选修14学分。其中标注*课程为必修课程。 2. 学时分配栏中的讲授和实践(验)学时各校根据实际情况自行安排。
		当代中国外交*	32			2	7	2	
		现当代国际关系	32			2	5	2	
		外交理论学概论	32			2	5	2	
		当代世界经济与政治	32			2	6	2	
		国际与区域组织概论	32			2	6	2	
		国别和区域研究专题	32			2	7	2	
		英语国家概况	32			2	7	2	
		英语国家国别研究	32			2	7	2	
		现当代国际关系史	32			2	7	2	
		外交礼仪	32			2	7	2	
		……							
		说明：该专业方向课程也可以针对某一个国家开设，如英国社会文化、英国历史、英国政治、英国经济、英国军事、英国教育、英国自然人文地理、英国宗教、英国外交等。							

除以上专业方向课程以外，各高等学校可根据实际情况开设特色方向课程。以下以师范类和财经类院校的英语专业特色方向课程为例。

表4 师范类院校特色方向课程开课计划表

<table>
<tr><th rowspan="2" colspan="2">课程类别</th><th rowspan="2">课程名称</th><th rowspan="2">总学时</th><th colspan="2">学时分配</th><th rowspan="2">学分数</th><th rowspan="2">开课学期</th><th rowspan="2">周学时</th><th rowspan="2">备注</th></tr>
<tr><th>讲授</th><th>实践(验)</th></tr>
<tr><td rowspan="15">英语学科教学方向课程</td><td rowspan="15">必修/选修课程</td><td>英语课程与教学论</td><td>48</td><td></td><td></td><td>3</td><td>5</td><td>3</td><td rowspan="15">学时分配栏中的讲授和实践(验)学时各校根据实际情况自行安排。</td></tr>
<tr><td>英语学习心理与策略</td><td>16</td><td></td><td></td><td>1</td><td>5</td><td>2</td></tr>
<tr><td>现代教育技术应用</td><td>32</td><td></td><td></td><td>2</td><td>5</td><td>2</td></tr>
<tr><td>中国英语教育史</td><td>32</td><td></td><td></td><td>2</td><td>5</td><td>2</td></tr>
<tr><td>英语教学名家教学赏析</td><td>32</td><td></td><td></td><td>2</td><td>5</td><td>2</td></tr>
<tr><td>多媒体教学课件设计</td><td>16</td><td></td><td></td><td>1</td><td>5</td><td>2</td></tr>
<tr><td>英语测试与评价</td><td>32</td><td></td><td></td><td>2</td><td>6</td><td>2</td></tr>
<tr><td>外语教学理论与实践</td><td>32</td><td></td><td></td><td>2</td><td>6</td><td>2</td></tr>
<tr><td>英语教学活动设计</td><td>32</td><td></td><td></td><td>2</td><td>6</td><td>2</td></tr>
<tr><td>中小学英语教材分析</td><td>32</td><td></td><td></td><td>2</td><td>6</td><td>2</td></tr>
<tr><td>英语教学案例分析</td><td>16</td><td></td><td></td><td>1</td><td>7</td><td>2</td></tr>
<tr><td>中小学英语课程标准解读</td><td>16</td><td></td><td></td><td>1</td><td>7</td><td>2</td></tr>
<tr><td>微格教学</td><td>32</td><td></td><td></td><td>2</td><td>7</td><td>2</td></tr>
<tr><td>现代外语教学理论名著导读</td><td>32</td><td></td><td></td><td>2</td><td>7</td><td>2</td></tr>
<tr><td>……</td><td></td><td></td><td></td><td></td><td></td><td></td></tr>
</table>

表5 财经类院校特色方向课程开课计划表

课程类别		课程名称	总学时	学时分配		学分数	开课学期	周学时	备注
				讲授	实践(验)				
国际金融方向课程	必修/选修课程	世界经济概论	32			2	5	2	学时分配栏中的讲授和实践(验)学时各校根据实际情况自行安排。
		会计学	32			2	5	2	
		财政学概论	32			2	5	2	
		货币银行学入门	32			2	5	2	
		投资学基础	32			2	5	2	
		金融风险管理	32			2	5	2	
		国际金融	32			2	6	2	
		商业伦理学	32			2	6	2	
		公司理财	32			2	6	2	
		国际金融概论	32			2	6	2	
		跨国公司与直接投资	32			2	7	2	
		……							
财务会计方向课程	必修/选修课程	管理学导论	32			2	4	2	
		会计基础	32			2	5	2	
		财务管理基础	32			2	5	2	
		审计学概论	32			2	5	2	
		证券投资学	32			2	5	2	
		公司理财	32			2	5	2	
		管理会计	32			2	5	2	
		成本会计	32			2	6	2	
		商业伦理学	32			2	6	2	
		财务报表分析	32			2	6	2	
		公司战略与风险管理	32			2	7	2	
		……							

7.4 实践教学环节

表6 实践教学环节计划表

类别		名称	总学时	学时分配		学分数	开课学期	周学时	备注
				讲授	实践(验)				
实践教学环节	专业实践课程	英语语音训练	32			1	1	2	学时分配栏中的讲授和实践(验)学时各校根据实际情况自行安排。
		笔译实训	32			2	5	2	
		口译实训	32			2	6	2	
		课外英语听说实践	32			2	1–3		
		课外读写实践	32			2	1–3		
		课外阅读	32			6	1–6	2	
	专业实习	专业见习				2	2–6		
		专业实习				8	7		
		科学实践	4周			4	2–7		
		社会实践				暑假	6–7		
		……							
	创新创业实践	学科竞赛				1	3–8		至少修2个学分。
		英语学习兴趣小组				1	3–8		
		创新项目				1	3–8		
		学术社团				1	3–8		
		……							
	社会实践	社会调查				1	3–8		至少修2个学分。
		志愿服务				1	3–8		
		勤工助学				1	3–8		
		支教活动				1	3–8		
		……							

（续表）

<table>
<tr><th colspan="2" rowspan="2">类别</th><th rowspan="2">名称</th><th rowspan="2">总学时</th><th colspan="2">学时分配</th><th rowspan="2">学分数</th><th rowspan="2">开课学期</th><th rowspan="2">周学时</th><th rowspan="2">备注</th></tr>
<tr><th>讲授</th><th>实践(验)</th></tr>
<tr><td rowspan="9"></td><td rowspan="3">国际交流</td><td>出国（境）学习</td><td></td><td></td><td></td><td>1</td><td>3–8</td><td></td><td rowspan="3">至少修1个学分。</td></tr>
<tr><td>参加涉外活动</td><td></td><td></td><td></td><td>1</td><td>3–8</td><td></td></tr>
<tr><td>……</td><td></td><td></td><td></td><td></td><td></td><td></td></tr>
<tr><td rowspan="6">毕业论文(设计)</td><td>学术论文</td><td rowspan="6">10周</td><td rowspan="6"></td><td rowspan="6"></td><td rowspan="6">5</td><td rowspan="6">8</td><td rowspan="6"></td><td rowspan="6"></td></tr>
<tr><td>翻译作品</td></tr>
<tr><td>实践报告</td></tr>
<tr><td>调研报告</td></tr>
<tr><td>案例分析</td></tr>
<tr><td>……</td></tr>
</table>

8. 教学要求

教学应该：（1）遵循本校本专业培养方案；（2）融合语言教学与知识教学，以能力培养为导向，重视语言运用能力、跨文化能力、思辨能力和终身学习能力的培养；（3）因材施教，根据教学目标和内容选择合适的教学方法，重视启发式、讨论式和参与式教学方法的使用，促进学生的全面发展和个性发展；（4）合理使用现代教育技术，注重教学效果。

9. 教学评价

评价应以促进学生学习为目的，根据培养方案确定评价内容和标准，选择科学的评价方式、方法，合理使用评价结果，及时提供反馈信息，不断调整和改进教学。评价应注重形成性评价与终结性评价相结合。

10. 教师队伍

10.1 师资结构

英语专业应有一支合格的专任教师队伍，形成教研团队。教师的年龄结构、学缘结构、职称结构合理。有条件的高等学校应聘请外籍教师。应用型专业和方向应聘请行业指导教师。专任教师一般应具有博士学位。生师比按教育部的要求应不高于18:1。

10.2 教师素质

专任教师应：（1）符合《中华人民共和国教师法》和《中华人民共和国高等教育法》规定的资格和条件，履行相关义务；（2）具有外国语言文学类学科或相关学科研究生学历；（3）具有厚实的专业知识，熟悉外语教学与学习的理论和方法，了解教育学、心理学等相关学科知识；（4）具有扎实的英语语言基本功、教学设计与实施能力、课堂组织与管理能力、现代教育技术和教学手段的应用能力，以及教学反思和改革能力；（5）具有明确的学术研究方向和研究能力。外籍教师的聘任应根据岗位需要，达到上述条款中所有适用标准。

10.3 教师发展

学校应制订科学的教师发展规划与制度，通过学历教育、在岗培养、国内外进修与学术交流、行业实践等方式，使教师不断更新教育理念，优化知识结构，提高专业理论水平与教学和研究能力。教师应树立终身发展的观念，制订切实可行的发展计划，不断提高教学水平和研究能力。

11. 教学条件

11.1 教学设施

教学场地和实践场所在数量和功能上能满足教学需要，并配备专职人员对教学设施进行日常管理和维护；拥有覆盖学习及生活场所的网络系统，具备实施现代化教学的软件和硬件条件。

11.2 信息资源

图书资料能满足学生的学习和教师的教学与科研所需；管理规范，共享程度高；应有一定比例的外文图书和报刊；拥有本专业相关的电子资源。

11.3 实践教学

具有满足人才培养需要的相对稳定的实践教学条件；应根据专业特点和需要建设专业实验室、实训中心、校内外实践教学基地等；应充分利用各种资源建设大学生创新创业教育平台。

11.4 教学经费

教学和科研经费有保障，总量能满足教学需要。年生均教学日常运行支出不低于教育部对本科专业设置的要求。不同地区、不同类型的学校应根据实际情况合理提高教学经费的投入。

12. 质量管理

12.1 内部保障机制要求

应建立完善的教学质量标准体系和校院两级教学质量保障机制。专业教学质量保障目标清晰，各教学环节质量标准科学明确，能开展常态化质量监测和专业自我评价，形成追求卓越的教学质量文化。

12.2 外部评价机制要求

应建立毕业生跟踪反馈机制以及社会评价机制，能定期开展毕业生和用人单位调查，对培养方案是否有效达到培养目标进行定期评价。

12.3 持续改进机制要求

应建立完善的持续改进机制，能根据专业建设需要定期对校内外评价结果进行分析，确保教学过程质量监控、毕业生跟踪反馈和社会评价等分析结果及时用于专业的持续改进。

13. 术语与释义

（1）英语语言运用能力

能理解英语口语和书面语传递的信息、观点、情感；能使用英语口语和书面语有效传递信息，表达思想、情感，再现生活经验，并能注意语言表达的得体性和准确性；能借助语言工具书和相关资源进行笔译工作，并能完成一般的口译任务；能有效使用策略提高交际效果；能运用语言知识和基本研究方法对语言现象进行分析和解释。

（2）英语文学赏析能力

能理解英语文学作品的主要内容和主题思想；能欣赏不同体裁文学作品的特点、风格和语言艺术；能对文学作品进行评论。

（3）跨文化能力

尊重世界文化多样性，具有跨文化包容性和批判性意识；掌握基本的跨文化研究理论知识和分析方法，理解中外文化的基本特点和异同；能对不同文化现象、文本和制品进行阐释和评价；能有效和恰当地进行跨文化沟通；能帮助不同文化背景的人士进行有效的跨文化沟通。

（4）思辨能力

勤学好问，尊重事实，理性判断，公正评价，敏于探究，持之以恒地追求真理；能对证据、概念、方法、标准、背景等要素进行阐述、分析、评价、推理与解释；能自觉反思和调节自己的思维过程。

（5）终身学习能力

具有终身学习的意识，能自我规划、自我管理，通过不断学习，适应社会和个人高层次、可持续发展的需要。

（6）实践能力

能通过实践活动拓展知识，掌握技能，学会与他人沟通合作；能运用所学的理论和技能解决实际问题；能管理时间，规划和完成任务；能承受压力，适应新环境；能运用基本的信息技术。

附录：专业核心课程描述

（1）综合英语

英语名称： Comprehensive English

教学目标： 本课程旨在培养学生综合运用英语语言知识和技能进行语言交际的能力。通过课程学习，学生应能正确辨别和使用规范的英语语音和语调，并适应主要的英语变体；识别各种词类及其语法形式，熟练掌握常见构词法，以及基本句型和句法结构的用法；识别不同文体和语体，熟练使用各类衔接手段、常用修辞手法、不同文体的写作技巧，以及长句难句的转换、释义和翻译方法；运用所学知识和技能进行批判性思考，并结合现实生活中的实际问题或热点话题展开讨论，表达观点，培养思辨能力。

教学内容： 本课程按题材主题组织教学单元，教学内容充分体现课程的“综合”特色，融语言、文学、翻译和文化知识于一体，通过语言交际任务促进听、说、读、写、译技能的综合运用和全面发展。语言知识教学分语音、词汇、句法、语篇等进行专项训练，同时融合语言与知识教学，强调整体系统性；文学与文化知识教学凸显学科的人文特色，用经典题材透视英语国家的历史和文化，用热门话题反映现代社会的文明与进步；语言技能训练在不同等级学习阶段各有侧重。

（2）英语视听说

英语名称： Audio-Visual-Oral English

教学目标： 本课程旨在培养学生理解英语音、视频并就相关内容进行口头表达的能力。通过课程学习，学生应能正确辨别标准英语及其常见变体的语音和语调；分辨要义与细节，推断隐含意义，概括主旨大意；用缩写形式快速记录要点并拟列提纲；利用笔记对视听内容进行转述、复述、概述和评价；围绕单元主题就视听内容展开讨论，并对讨论结果进行口头总结和汇报。

教学内容： 本课程主要包括视听理解与口头表达策略、语言知识及相关社会文化知识和语言运用与思辨能力三个方面的教学内容，要求突出阶段针对性、难度层级性和整体系统性，融合语言与知识教学，同时兼顾知识性、趣味性和思想教育意义。视听材料与学生的学习生活和社会生活密切相关，主题广泛、素材丰富、难易有序。单元按主题进行组织，主要涉及个人及人生经历、社会与文化生活、教育和科技发展等学生熟悉的话题；素材一般为标准语速日常口语材料，包括情景对话、专题讲话、学术讲座、演讲辩论、电视电台节目和电影片段等语言材料。

（3）英语口语

英语名称： Oral English

教学目标： 本课程旨在培养学生运用英语进行口头表达与交际的能力。通过课程学习，学生应能掌握标准英语的语音和语调，并能适应常见英语变体的发音；掌握口头交际所需要的功能性语言，并逐步养成用英语思维的习惯；使用口头交际策略促进语言沟通和跨文化交际；就特定话题进行自由表达和讨论，并具有较强的思辨能力。

教学内容： 本课程按语言功能组织口语训练教学任务，融合英语语言知识、社会文化知识、口头交际策略，构建话题丰富、形式多样、实用有效、循序渐进且系统性强的英语口语训练内容体系。课程教学内容侧重语音语调、句型句式、功能性语言、跨文化交际等方面的训练，着重培养学生的英语思维能力、连贯表达能力和跨文化交际能力。

（4）英语阅读

英语名称： English Reading

教学目标： 本课程旨在培养学生的英语阅读能力及思辨能力。通过课程学习，学生应能熟练掌握英语语言基础知识并具有一定的英语国家社会文化知识；熟练运用常用英语阅读策略；分辨事实和观点；根据上下文推断生词词义和隐含意义；归纳概括段落大意和篇章主旨；对篇章的文体、语体、结构、修辞、写作手法等进行分析；对作者的情感、态度、意图进行分析和评价；对相同或相关主题的不同篇章进行对比分析。

教学内容： 本课程主要围绕策略训练、知识学习和能力培养三个方面组织教学内容。策略方面主要训练略读、寻读、细读、评读等阅读理解技巧和方法；知识内容主要包括词汇、句法和篇章方面的英语语言知识，以及与阅读语篇相关的社会文化背景知识；能力培养主要包括文本语言理解、篇章结构分析以及思辨能力等方面的内容。教学内容按主题组织单元，主题广泛涉及社会、文化、教育、科技、经贸等不同领域。

（5）英语写作

英语名称： English Writing

教学目标： 本课程旨在培养学生使用英语进行书面表达的能力。通过课程学习，学生应熟练掌握英语写作的基础知识和基本技能，进行多种体裁短文的写作；了解学术写作的基本规范和方法，并能独立撰写小型课题研究报告及论文；养成良好的写作习惯，具有一定的思辨写作能力。

教学内容：本课程主要包括写作知识、写作策略和写作能力三个方面的教学内容。写作知识主要包括选词组句、标点使用、篇章结构、文体特点、文章修改等方面的知识；写作策略方面强调句型运用、段落组织、篇章布局、范文模仿等写作技能和方法；写作能力培养主要包括立意构思、观点论证、修改评阅，以及思辨能力。教学内容按任务难度依次进行句段写作、多体裁写作和初级学术写作教学。写作话题循序渐进，从人物场景、家庭生活、校园活动向科技发明、人生哲理、社会问题推进，注重人文性、科学性和思想性的有机结合，着力提高学生分析问题、逻辑思辨和有效表达的能力。

（6）英语语法

英语名称：English Grammar

教学目标：本课程旨在帮助学生进一步完善英语语法知识体系，熟练掌握英语语法知识，提高英语语法知识的综合运用能力。通过课程学习，学生应能熟练掌握英语词法、句法和篇章的基本知识，并能对词、句、篇的语法特征进行分析；综合运用所学的语法知识顺利完成听、说、读、写、译等交际任务。

教学内容：本课程按语法项目组织教学单元，主要包括词法、句法和语篇三个方面的内容。词法部分主要探讨词类和词组的特征和功能，重点关注名词、动词、形容词、副词、介词等主要词类及其词组。句法部分主要讲解基本句型和特殊结构的特点，主要项目包括陈述句、疑问句、祈使句、感叹句、存在句、IT句型、并列结构、主谓一致、从属结构、直接引语和间接引语等。语篇部分重点介绍连句成篇的衔接手段，主要包括时间、因果、方位等逻辑衔接手段，省略、替代、照应等语法衔接手段和同义词、反义词、词汇重复等词汇衔接手段。

（7）英语演讲与辩论

英语名称： English Public Speaking and Debating

教学目标： 本课程旨在培养学生运用英语在公开场合进行演讲和辩论的能力。通过课程学习，学生应能具有比较扎实的英语语言功底，知识面广，视野宽阔；具有较强的逻辑推理、思辨能力和临场应变能力；就某一话题广泛收集素材，撰写演讲稿并脱稿进行演讲；能在经过短时准备后就给定话题进行即席演讲；熟悉辩论的一般规则，能参与主题发言、抗辩、问题挑战、总结陈词等环节的辩论；熟练运用演讲和辩论策略。

教学内容： 本课程主要包括英语演讲与辩论的内容准备和策略训练两个方面的内容。内容准备主要指根据演讲和辩论的主题、目的、听众/对手等广泛收集素材，并通过归纳整理拟列提纲、撰写演讲稿或发言稿，为出场作好充分准备。策略训练重点训练提高口头表达效果的方法和技巧，主要包括：如何开场、过渡和总结；如何阐述观点、抒发情感、活跃气氛；如何运用表情、眼神、手势等肢体语言；如何把控音量、音高、语气和语调；如何克服紧张情绪、调整即时心态、改正不良习惯等。根据口头表达任务的特点和难度，有备和即兴演讲或辩论的训练各有侧重，训练由易到难、循序渐进。

（8）英汉/汉英笔译

英文名称： E-C/C-E Translation

教学目标： 本课程旨在培养学生运用翻译理论和方法进行英汉/汉英笔译的能力。通过课程学习，学生应能掌握翻译的主要理论、方法和质量标准；了解英汉两种语言的篇章特点和文化差异；能翻译有一定难度的英汉语报纸、杂志、书籍中的文章，以及节录的小说、散文、戏剧等文学原著，速度达到每小时300～350个词；能独立承担一般用人单位的英汉/汉英笔译任务。

教学内容： 本课程主要包括翻译理论学习和翻译实践能力培养两个方面的内

容。前者聚焦于学习中西翻译理论和实践发展简史、中西主要翻译流派及其基本思想和翻译方法、当代翻译学研究的主要课题等；后者重在通过示例分析和笔译实训，让学生根据翻译的标准以及英汉两种语言在词汇、句法、篇章及社会文化等方面的异同，熟练运用各种翻译方法和策略。翻译素材兼顾知识性、趣味性和思想性，一般选取正式的文学、科技、旅游、新闻、广告、商务、法律、说明书等类型的文本。

（9）英汉/汉英口译

课程名称： E-C/C-E Interpreting

教学目标： 本课程旨在培养学生的英汉和汉英口头翻译能力。通过课程学习，学生应能熟练掌握口译的基础理论和常用的口译策略与技巧；具有扎实的语言文化知识和流利的语言表达能力；具有良好的记忆能力、逻辑思维能力和临场应变能力；养成关心时事的习惯，能就热门话题或专题进行口头介绍和阐释；胜任接待外宾、导游、一般性会议、商务洽谈等日常口译任务。

教学内容： 本课程按篇章专题和口译策略组织教学单元，每个单元包括口译策略训练和篇章口译实践两个部分。口译策略训练的主要内容包括听辨、记忆、速记、转述等常用口译策略，以及主旨口译、数字口译等专题口译技巧的讲解与示范。篇章口译部分主要训练口译策略与技巧在篇章口译中的实践应用，篇章题材广泛，以政治、经济、文化、体育等领域的专题为主，兼顾礼仪、祝词、会议、访谈、演讲等专项内容，同时还应结合时事适量补充热门话题的篇章口译内容。

（10）语言学导论

英语名称： Introduction to Linguistics

教学目标： 本课程旨在培养学生对人类语言的理性认识，提高学生的语言文化意识和思辨能力。通过课程学习，学生应能初步掌握语言学的基本概念、原则和方法；了解语言学的基本分支和主要理论流派；了解语言学跨学科应用与研究的主要领域、课题和发展趋势；运用语言学知识观察和分析语言现象，促进外语学习。

教学内容：本课程主要包括语言与语言学、语言学的基本分支和语言学的跨学科研究等方面的内容。语言与语言学主要突出语言的甄别性特征、语言的功能和语言学基本概念；语言学基本分支重点介绍语音学、音位学、词汇学、句法学、语义学、语用学等分支的基本内容及研究方法，以及现代语言学主要流派的基本观点；语言学的跨学科研究简要介绍语言与社会、语言与文化、语言与大脑、语言学与外语教学、体裁与专业话语实践等方面的基本知识和主要研究课题。

（11）英语文学导论

英语名称：Introduction to English Literature

教学目标：本课程旨在帮助学生掌握英语文学基础知识，提高理解、欣赏和评价英语文学作品的能力。通过课程学习，学生应能理解英语文学的基本要素；熟悉英国和美国的文学传统，并对其他英语国家的文学以及后殖民英语文学的多元发展有一定了解；通过文学作品深入了解英语国家的语言、社会、文化及其历史传承；掌握文学研究的基础理论和基本方法，并能对英语文学作品进行分析和评论。

教学内容：本课程主要包括文学作品导读、西方文论与文学批评等方面的内容。文学作品导读以英美文学史上的经典名作为主，重点介绍小说、诗歌、戏剧三类文学体裁的要素特征、主要流派及相关文学史知识，并将加拿大、澳大利亚、新西兰等英美以外英语国家的文学作品穿插在课程中进行讨论，以体现当代英语文学发展的新格局和趋势。西方文论与文学批评着重介绍马克思主义、精神分析、女性主义、接受美学、后殖民批评等现代西方文学分析与批评理论，以及学术论文撰写的基本规范和常见体例，指导学生运用有关理论进行初步、规范的文学批评写作。

（12）西方文明史

英语名称： History of Western Civilization

教学目标： 本课程旨在帮助学生了解西方文明的发展历程，同时继续夯实英语语言基础、拓展文化视野、提升人文素养和逻辑思辨能力。通过课程学习，学生应能熟悉与西方政治、经济、宗教、文艺、科技等方面相关的特殊词汇与特定表达方式；了解西方文明的历史发展脉络，掌握各历史时期的重大历史事件及主要人文思想；运用所学知识对西方文明进行理性分析，同时结合东方文明进行比较和思辨，并形成自己独到的见解。

教学内容： 本课程主要按照西方文明的发展历史，分阶段组织教学内容。主要阶段包括早期中东文明、希腊罗马时期、中世纪、文艺复兴、宗教改革、地理大发现、启蒙运动、欧洲政治革命与美国革命、现代西方文明等。讲授内容以各阶段的重大历史事件、主要人文思想，以及政治、经济、宗教、科技等的发展状况为主，同时兼顾各历史阶段之间的相关性和西方文明史的整体性。

（13）跨文化交际

英语名称： Intercultural Communication

教学目标： 本课程旨在帮助学生理解文化现象、适应文化差异、提高跨文化交际能力。通过课程学习，学生应能掌握跨文化交际的基本概念、基础理论和基本方法；尊重世界文化的多样性，同时增强批判性文化意识，并能对不同文化现象进行阐释和评价；得体、有效地进行跨文化交际并帮助不同文化背景的人士进行跨文化沟通。

教学内容： 本课程主要包括跨文化交际相关理论和实践两个部分的内容。理论部分重点介绍文化、交际、跨文化交际等基本概念，跨文化交际研究的主要理论和方法，交际过程中存在的语言差异、非语言差异和社会习俗差异等。实践部分侧重介绍如何运用相关跨文化理论知识克服跨文化交际中的障碍，如分析商务、教育、医疗领域中跨文化交际的主要障碍并提出行之有效的解决方案等。

（14）中国文化概要

英语名称： Introduction to Chinese Culture

教学目标： 本课程旨在使学生对中国悠久的历史、灿烂的文化和优秀的文学传统有深入的了解，培养学生对中国文化的自豪和热爱，扩展文化视野，丰富文化内涵。通过课程学习，学生应能做到向世界介绍中国的历史发展轨迹、基本国情、风土人情、民俗习惯等一般人文知识，并具备较强的跨文化交际、交流意识，能在跨文化交流中尊重文化多样性，实现有效沟通。

教学内容： 本课程可以根据历史年代（古代、近代、现代）组织教学内容，也可以根据主题组织教学内容。教学主题可以包括且不限于：历史、政体、宗教、人文地理、法律制度、伦理价值观、少数民族政策、语言文字、哲学、教育、科技、艺术、民俗等。在教学材料的选择上注意材料的代表性、包容性、多样性和时代性，讲究古今结合、南北兼顾，并突出跨文化交际的视角。

（15）研究方法与学术写作

英语名称： Research Methods and Academic Writing

教学目标： 本课程旨在培养学生掌握人文社会科学基本研究方法，从而培养其用英语进行学术论文写作的能力。通过课程学习，学生能了解科学研究的标准和特点，具备学术道德规范意识，具备一定的人文社会科学研究方法及创新能力；了解英语学术论文写作的基本要求和方法，掌握英语学术论文撰写的格式和规范，能够使用合适的研究方法从事科学研究并撰写格式规范的科研论文。

教学内容： 本课程注重理论与实践并举，以讲授为主，并结合课堂讨论与项目学习的方式，重点包括以下内容：一、介绍学术研究的概念、性质、特点以及学术道德与规范；二、学习如何有效搜集筛选、阅读分析和规范使用相关学术文献；三、把握学术论文的概念、性质、特点及分类，阐释论文撰写的合理流程，主要包括论文选题、论文框架构思、论文立论的展开等；四、学习人文社会科学基本研究方法，如定性与定量方法、规定与描述方法、语料库手段等，学习并探讨这些方法在英语学科研究中的运用。

二、普通高等学校本科翻译专业教学指南

1. 概述

翻译专业隶属于外国语言文学学科，主要以翻译为主要学习和研究对象，兼顾英语语言、英语文学、比较文学与跨文化以及国别和区域研究等，翻译专业具有跨学科特点。各普通高等学校应在参照《指南》的基础上，根据办学定位、社会需要和区域特点，制订学校的翻译专业本科人才培养方案。

2. 适用专业范围

本《指南》适用于翻译专业。

专业代码为050261。

3. 培养目标

翻译专业旨在培养具有良好的综合素质和职业道德、较深厚的人文素养、扎实的英汉双语基本功、较强的跨文化能力、厚实的翻译专业知识、丰富的百科知识和必要的相关专业知识，较熟练地掌握翻译方法和技巧，能适应国家与地方经济建设和社会发展需要，能胜任各行业口笔译等语言服务及国际交流工作的复合型人才。

4. 培养规格

4.1 素质要求

本专业学生应具有正确的世界观、人生观和价值观，良好的道德品质，中国情怀与国际视野，社会责任感，人文与科学素养，合作精神，创新精神，以及学科基本素养。

4.2 知识要求

本专业学生应具备英语语言、文学和文化等基础知识，了解英语国家的历史和当代社会的基本情况；熟悉中国语言文化知识，了解英汉语言及中西文化

的差异，了解中国国情和国际形势；掌握翻译的基本理论，较熟练地运用口笔译技能与策略；掌握较宽广的人文社会科学和自然科学基础知识。

4.3 能力要求

本专业学生应具有良好的英汉双语运用能力、翻译能力、跨文化能力和初步的翻译研究能力；具有熟练使用现代信息技术和翻译工具的能力；具有良好的思辨能力、终身学习能力、实践能力和创新创业能力；具有一定的第二外语运用能力。

5. 学制、学分与学位

学制：四年

总学分：150～180学分。其中：

公共基础类课程约占30%；

专业核心课程约占40%；

分类选修课程约占15%；

实践教学环节（含毕业论文）约占15%。

学位：文学学士

6. 课程体系

本专业课程体系包括公共基础类课程、专业核心课程、分类选修课程、实践教学环节（含毕业论文）四个部分。

公共基础类课程包括公共必修课程和通识选修课程。公共必修课程一般包括思想政治理论、信息技术、体育与健康、军事理论与训练、创新创业教育、第二外语等课程；通识选修课程一般包括提升学生知识素养、道德品质与身心素质的人文社会科学和自然科学课程，各学校可根据自身办学定位、办学特色和人才培养需要开设。

专业核心课程由语言技能课程、专业知识课程和专业技能课程组成，主要包括综合英语、英语视听说、英语口语、英语阅读、英语写作、英语国家概况、翻译概论、英汉笔译、汉英笔译、应用翻译、联络口译、交替传译、专题口译、翻译技术、中国文化概要、英语文学导论、语言学导论、跨文化交际、研究方法与学术写作等。（《国标》核心课程中的现代汉语、古代汉语、高级汉语写作属于各高等学校公共课程，课程描述部分未对这三门课程进行描述。）

分类选修课程由专业知识和技能课程及研究方法课程组成，分为必修课程和选修课程，主要包括口笔译、语言学、文学、文化、国别和区域等方向的系列课程。

实践教学环节包括专业实践课程、专业实习、创新创业实践、社会实践、国际交流和毕业论文（设计）等。本专业一般要求学生在毕业前完成不少于1万字的笔译实践，译文须准确通顺。毕业论文（设计）选题应符合本专业培养目标与培养规格，可采用学术论文、实践报告、调研报告等多种形式；一般用英语撰写，正文长度一般应不少于5000单词；其中实践报告类毕业论文（设计）应包括不少于3000单词的翻译实践和不少于2000单词的译作评论。按教育部有关文件要求，实践教学环节的学分应不低于翻译专业总学分的15%，其中毕业论文（设计）的学分不低于总学分的3%。

7. 教学计划（参考）

7.1 公共基础类课程

表1 公共基础类课程开课计划表

<table>
<tr><th colspan="2" rowspan="2">课程类别</th><th rowspan="2">课程名称</th><th rowspan="2">总学时</th><th colspan="2">学时分配</th><th rowspan="2">学分数</th><th rowspan="2">开课学期</th><th rowspan="2">周学时</th><th rowspan="2">备注</th></tr>
<tr><th>讲授</th><th>实践(验)</th></tr>
<tr><td rowspan="2">公共基础类课程</td><td>公共必修课程</td><td colspan="7">按国家相关要求开设（含第二外语）</td><td>40学分</td></tr>
<tr><td>通识选修课程</td><td colspan="7">学校可根据自身人才培养实际需要开设</td><td>10学分</td></tr>
</table>

7.2 专业核心课程

表2 专业核心课程开课计划表

课程类别		课程名称	总学时	学时分配		学分数	开课学期	周学时	备注
				讲授	实践（验）				
专业核心课程	必修课程	综合英语（一）	64	64		4	1	4	
		综合英语（二）	64	64		4	2	4	
		综合英语（三）	64	64		4	3	4	
		综合英语（四）	64	64		4	4	4	
		英语视听说（一）	32	32		2	1	2	
		英语视听说（二）	32	32		2	2	2	
		英语视听说（三）	32	32		2	3	2	
		英语口语（一）	32	16	16	2	1	2	
		英语口语（二）	32	16	16	2	2	2	
		英语口语（三）	32	16	16	2	3	2	
		英语阅读（一）	32	32		2	1	2	
		英语阅读（二）	32	32		2	2	2	
		英语阅读（三）	32	32		2	3	2	
		英语写作（一）	32	16	16	2	2	2	
		英语写作（二）	32	16	16	2	3	2	
		翻译概论	32	32		2	4	2	
		英汉笔译	32	16	16	2	4	2	
		汉英笔译	32	16	16	2	5	2	
		应用翻译	32	16	16	2	6	2	
		联络口译	32	16	16	2	4	2	
		交替传译	32	16	16	2	5	2	
		专题口译	32	16	16	2	6	2	

（续表）

课程类别		课程名称	总学时	学时分配		学分数	开课学期	周学时	备注
				讲授	实践(验)				
		翻译技术	32	16	16	2	5	2	
		中国文化概要	32	32		2	2	2	
		英语国家概况	32	32		2	3	2	
		英语文学导论	32	32		2	5	2	
		语言学导论	32	32		2	4	2	
		跨文化交际	32	32		2	6	2	
		研究方法与学术写作	32	32		2	7	2	

7.3 分类选修课程

表3 分类选修课程开课计划表

课程类别	课程名称	总学时	学时分配		学分数	开课学期	周学时	备注
			讲授	实践(验)				
口笔译类	英汉名译赏析	32	16	16	2	3	2	口笔译类课程应选修不少于14个学分，其他每个类别分别选修不少于4个学分。
	英汉对比与翻译	32	16	16	2	3	2	
	文学翻译	32	16	16	2	4	2	
	商务翻译	32	16	16	2	4	2	
	新闻翻译	32	16	16	2	5	2	
	影视翻译	32	16	16	2	5	2	
	旅游翻译	32	16	16	2	6	2	
	科技翻译	32	16	16	2	6	2	
	法律翻译	32	16	16	2	6	2	
	视译	32	16	16	2	6	2	
	同声传译	32	16	16	2	6	2	
	中西翻译理论概论	32	32		2	7	2	
	技术写作	32	16	16	2	7	2	
	……							

（续表）

<table>
<tr><th rowspan="2">课程类别</th><th rowspan="2">课程名称</th><th rowspan="2">总学时</th><th colspan="2">学时分配</th><th rowspan="2">学分数</th><th rowspan="2">开课学期</th><th rowspan="2">周学时</th><th rowspan="2">备注</th></tr>
<tr><th>讲授</th><th>实践(验)</th></tr>
<tr><td rowspan="12">语言学类</td><td>英语史</td><td>32</td><td>32</td><td></td><td>2</td><td>4</td><td>2</td><td rowspan="25">口笔译类课程应选修不少于14个学分，其他每个类别分别选修不少于4个学分。</td></tr>
<tr><td>英语语音学</td><td>32</td><td>32</td><td></td><td>2</td><td>4</td><td>2</td></tr>
<tr><td>英语词汇学</td><td>32</td><td>32</td><td></td><td>2</td><td>5</td><td>2</td></tr>
<tr><td>英语修辞学</td><td>32</td><td>32</td><td></td><td>2</td><td>5</td><td>2</td></tr>
<tr><td>社会语言学</td><td>32</td><td>32</td><td></td><td>2</td><td>5</td><td>2</td></tr>
<tr><td>英语语义学</td><td>32</td><td>32</td><td></td><td>2</td><td>6</td><td>2</td></tr>
<tr><td>英语文体学</td><td>32</td><td>32</td><td></td><td>2</td><td>6</td><td>2</td></tr>
<tr><td>英语语用学</td><td>32</td><td>32</td><td></td><td>2</td><td>6</td><td>2</td></tr>
<tr><td>英语语言测试</td><td>32</td><td>32</td><td></td><td>2</td><td>6</td><td>2</td></tr>
<tr><td>第二语言习得</td><td>32</td><td>32</td><td></td><td>2</td><td>7</td><td>2</td></tr>
<tr><td>语料库语言学</td><td>32</td><td>32</td><td></td><td>2</td><td>7</td><td>2</td></tr>
<tr><td>……</td><td></td><td></td><td></td><td></td><td></td><td></td></tr>
<tr><td rowspan="13">文学类</td><td>英语文学基础阅读</td><td>32</td><td>32</td><td></td><td>2</td><td>1</td><td>2</td></tr>
<tr><td>英国文学史</td><td>32</td><td>32</td><td></td><td>2</td><td>3</td><td>2</td></tr>
<tr><td>美国文学史</td><td>32</td><td>32</td><td></td><td>2</td><td>4</td><td>2</td></tr>
<tr><td>英国文学选读</td><td>32</td><td>32</td><td></td><td>2</td><td>5</td><td>2</td></tr>
<tr><td>英语小说选读</td><td>32</td><td>32</td><td></td><td>2</td><td>5</td><td>2</td></tr>
<tr><td>英语散文选读</td><td>32</td><td>32</td><td></td><td>2</td><td>5</td><td>2</td></tr>
<tr><td>比较文学导论</td><td>32</td><td>32</td><td></td><td>2</td><td>5</td><td>2</td></tr>
<tr><td>美国文学选读</td><td>32</td><td>32</td><td></td><td>2</td><td>6</td><td>2</td></tr>
<tr><td>英语戏剧选读</td><td>32</td><td>32</td><td></td><td>2</td><td>6</td><td>2</td></tr>
<tr><td>英语诗歌选读</td><td>32</td><td>32</td><td></td><td>2</td><td>6</td><td>2</td></tr>
<tr><td>……</td><td></td><td></td><td></td><td></td><td></td><td></td></tr>
<tr><td colspan="7">说明：该类别课程也可以针对某一个国家开设，如英国小说、英国诗歌、英国散文、英国戏剧、英国文学作品选读、英国影视文学等。</td></tr>
</table>

（续表）

课程类别	课程名称	总学时	学时分配		学分数	开课学期	周学时	备注
			讲授	实践(验)				
文化类	中外文化比较	32	32		2	2	2	口笔译类课程应选修不少于14个学分，其他每个类别分别选修不少于4个学分。
	英美电影赏析	32	32		2	2	2	
	中国文化经典导论	32	32		2	3	2	
	英国历史	32	32		2	3	2	
	美国历史	32	32		2	4	2	
	希腊罗马神话与西方文化	32	32		2	4	2	
	英国社会与文化	32	32		2	5	3	
	美国社会与文化	32	32		2	6	2	
	英国思想史作品选读	32	32		2	6	2	
	美国思想史作品选读	32	32		2	7	2	
	……							
国别和区域类	当代世界经济	32	32		2	5	2	
	现当代国际关系	32	32		2	5	2	
	外交学概论	32	32		2	6	2	
	国际政治导论	32	32		2	6	2	
	国际与区域组织概论	32	32		2	6	2	
	当代中国外交	32	32		2	7	2	
	国别和区域研究专题	32	32		2	7	2	
	英语国家国别研究	32	32		2	7	2	
	……							
	说明：该类别课程也可以针对某一个国家开设，如英国社会、英国历史、英国政治、英国经济、英国军事、英国地理、英国宗教、英国教育、英国外交等。							

7.4 实践教学环节

表4 实践教学环节计划表

<table>
<tr><th rowspan="2" colspan="2">类别</th><th rowspan="2">名称</th><th rowspan="2">总学时</th><th colspan="2">学时分配</th><th rowspan="2">学分数</th><th rowspan="2">开课学期</th><th rowspan="2">周学时</th><th rowspan="2">备注</th></tr>
<tr><th>讲授</th><th>实践(验)</th></tr>
<tr><td rowspan="20">实践教学环节</td><td rowspan="4">专业实践课程</td><td>英语语音训练</td><td>32</td><td>16</td><td>16</td><td>2</td><td>1</td><td>2</td><td rowspan="7"></td></tr>
<tr><td>公共演讲</td><td>64</td><td>32</td><td>32</td><td>4</td><td>1–2</td><td>2</td></tr>
<tr><td>英语听说与译述</td><td>32</td><td>16</td><td>16</td><td>2</td><td>3</td><td>2</td></tr>
<tr><td>……</td><td></td><td></td><td></td><td></td><td></td><td></td></tr>
<tr><td rowspan="3">专业实习</td><td>专业见习</td><td></td><td></td><td></td><td></td><td></td><td></td></tr>
<tr><td>专业实习</td><td></td><td></td><td></td><td>8</td><td>7</td><td></td></tr>
<tr><td>……</td><td></td><td></td><td></td><td></td><td></td><td></td></tr>
<tr><td rowspan="5">创新创业实践</td><td>学科竞赛</td><td></td><td></td><td></td><td>1</td><td>3–8</td><td></td><td rowspan="5">至少修2个学分。</td></tr>
<tr><td>英语学习兴趣小组</td><td></td><td></td><td></td><td>1</td><td>3–8</td><td></td></tr>
<tr><td>创新项目</td><td></td><td></td><td></td><td>1</td><td>3–8</td><td></td></tr>
<tr><td>学术社团</td><td></td><td></td><td></td><td>1</td><td>3–8</td><td></td></tr>
<tr><td>……</td><td></td><td></td><td></td><td></td><td></td><td></td></tr>
<tr><td rowspan="5">社会实践</td><td>社会调查</td><td></td><td></td><td></td><td>1</td><td>3–8</td><td></td><td rowspan="5">至少修2个学分。</td></tr>
<tr><td>志愿服务</td><td></td><td></td><td></td><td>1</td><td>3–8</td><td></td></tr>
<tr><td>勤工助学</td><td></td><td></td><td></td><td>1</td><td>3–8</td><td></td></tr>
<tr><td>支教活动</td><td></td><td></td><td></td><td>1</td><td>3–8</td><td></td></tr>
<tr><td>……</td><td></td><td></td><td></td><td></td><td></td><td></td></tr>
<tr><td rowspan="3">国际交流</td><td>出国（境）学习</td><td></td><td></td><td></td><td>1</td><td>3–8</td><td></td><td rowspan="3">至少修2个学分。</td></tr>
<tr><td>参加涉外活动</td><td></td><td></td><td></td><td>1</td><td>3–8</td><td></td></tr>
<tr><td>……</td><td></td><td></td><td></td><td></td><td></td><td></td></tr>
</table>

（续表）

<table>
<tr><th colspan="2" rowspan="2">类别</th><th rowspan="2">名称</th><th rowspan="2">总学时</th><th colspan="2">学时分配</th><th rowspan="2">学分数</th><th rowspan="2">开课学期</th><th rowspan="2">周学时</th><th rowspan="2">备注</th></tr>
<tr><th>讲授</th><th>实践(验)</th></tr>
<tr><td rowspan="4"></td><td rowspan="4">毕业论文(设计)</td><td>学术论文</td><td rowspan="4">10周</td><td rowspan="4"></td><td rowspan="4"></td><td rowspan="4">5</td><td rowspan="4">8</td><td rowspan="4"></td><td rowspan="4"></td></tr>
<tr><td>翻译实践报告</td></tr>
<tr><td>调研报告</td></tr>
<tr><td>……</td></tr>
</table>

8. 教学要求

教学应该：（1）遵循本校本专业培养方案；（2）融合语言教学与知识教学，以能力培养为导向，重视语言运用能力、跨文化能力、思辨能力、翻译技能和终身学习能力的培养；（3）因材施教，根据教学目标和内容选择合适的教学方法，重视启发式、讨论式和参与式教学方法的使用，促进学生的全面发展和个性发展；（4）合理使用现代教育技术，注重教学效果。

9. 教学评价

评价应以促进学生学习为目的，根据培养方案确定评价内容和标准，选择科学的评价方式、方法，合理使用评价结果，及时提供反馈信息，不断调整和改进教学。评价应注重形成性评价与终结性评价相结合。

10. 教师队伍

10.1 师资结构

翻译专业应有一支合格的专任教师队伍，形成教研团队。教师的年龄结构、学缘结构、职称结构合理。应用型课程应聘请行业指导教师。专任教师一般应具有博士学位。生师比按教育部的要求应不高于18:1。

10.2 教师素质

专任教师应：（1）符合《中华人民共和国教师法》和《中华人民共和国高等教育法》规定的资格和条件，履行相关义务；（2）具有外国语言文学类学科或相关学科研究生学历；（3）具有厚实的专业知识，熟悉翻译教学与外语学习的理论和方法，掌握教育学、心理学等相关学科知识，对翻译技术的发展和应用有一定了解；（4）具有扎实的外语基本功、教学设计与实施能力、课堂组织与管理能力、现代教育技术和教学手段的应用能力，以及教学反思和改革能力；（5）具备较强的口笔译实践能力；（6）具有明确的学术研究方向和研究能力。外籍教师的聘任应根据岗位需要，达到上述条款中所有适用标准。

10.3 教师发展

学校应制订科学的教师发展规划与制度，通过学历教育、在岗培养、国内外进修与学术交流、行业实践等方式，使教师不断更新教育理念，优化知识结构，提高专业理论水平与教学和研究能力。教师应树立终身发展的观念，制订切实可行的发展计划，不断提高翻译实践、教学和研究的能力。

11. 教学条件

11.1 教学设施

教学场地和实践场所在数量和功能上能满足教学需要，拥有语言实验室、口译实验室，原则上应设立翻译技术实验室，并配备专职人员对教学设施进行日常管理和维护；拥有覆盖学习及生活场所的网络系统，具备实施现代化教学的软件和硬件条件。

11.2 信息资源

图书资料能够满足学生的学习和教师的教学与科研所需；管理规范，共享程度高；应有一定比例的外文图书和报刊；拥有本专业相关的电子资源。

11.3 实践教学

具有满足人才培养需要的相对稳定的实践教学条件；应根据专业特点和需要建设专业实验室、实训中心、校内外实践教学基地等；应充分利用各种资源建设大学生创新创业教育平台。

11.4 教学经费

教学和科研经费有保障，总量能满足教学需要。年生均教学日常运行支出不低于教育部对本科专业设置的要求。不同地区、不同类型的学校应根据实际情况合理提高教学经费的投入。

12. 质量管理

12.1 内部保障机制要求

应建立完善的教学质量标准体系和校院两级教学质量保障机制。专业教学质量保障目标清晰，各教学环节质量标准科学明确，能开展常态化质量监测和专业自我评价，形成追求卓越的教学质量文化。

12.2 外部评价机制要求

应建立毕业生跟踪反馈机制以及社会评价机制，能定期开展毕业生和用人单位调查，对培养方案是否有效达到培养目标进行定期评价。

12.3 持续改进机制要求

应建立完善的持续改进机制，能根据专业建设需要定期对校内外评价结果进行分析，确保教学过程质量监控、毕业生跟踪反馈和社会评价等分析结果及时用于专业的持续改进。

13. 术语与释义

（1）英汉双语运用能力

具备扎实的英汉双语基本功和深厚的语言素养，具有较高的英汉双语理解能力和表达能力，熟悉英汉语写作规范，表达准确到位，逻辑严密；能理解英汉语口语和书面语传递的信息和情感；能使用英语口语和书面语有效传递信息，表达思想情感；能借助语言工具书和相关资源进行英汉双语写作，并能胜任笔译和一般的口译工作；能运用基本研究方法，对英汉语言现象，特别是语言转换现象，进行分析和解释。

（2）跨文化能力

尊重世界文化多样性，具有跨文化包容性和批判性意识；掌握基本的跨文化研究理论知识和分析方法，理解中外文化的基本特点和异同；能对不同文化现象、文本和制品进行阐释和评价；能有效和恰当地进行跨文化沟通；能帮助不同文化背景的人士进行有效的跨文化沟通。

（3）思辨能力

勤学好问，尊重事实，理性判断，公正评价，敏于探究，持之以恒地追求真理；能对证据、概念、方法、标准、背景等要素进行阐述、分析、评价、推理与解释；能自觉反思和调节自己的思维过程。

（4）终身学习能力

具有终身学习的意识，能自我规划、自我管理，通过不断学习，适应社会和个人高层次、可持续发展的需要。

（5）实践能力

能通过实践活动拓展知识，掌握技能，学会与他人沟通合作；能运用所学的理论和技能解决实际问题；能管理时间，规划和完成任务；能承受压力，适应新环境；能运用基本的信息技术。

（6）翻译能力

能运用翻译知识、方法与技巧进行有效的语言转换，一般包括双语能力、超语言能力（如百科知识、话题知识等）、工具能力、策略能力等。

附录：专业核心课程描述

（1）综合英语

英语名称： Comprehensive English

教学目标： 本课程旨在培养学生综合运用英语语言知识和技能进行语言交际的能力。通过课程学习，学生应能正确辨别和使用规范的英语语音和语调，并适应主要的英语变体；识别各种词类及其语法形式，熟练掌握常见构词法，以及基本句型和句法结构的用法；识别不同文体和语体，熟练使用各类衔接手段、常用修辞手法、不同文体的写作技巧，以及长句难句的转换、释义和翻译方法；运用所学知识和技能进行批判性思考，并结合现实生活中的实际问题或热点话题展开讨论，表达观点，培养思辨能力。

教学内容： 本课程按题材主题组织教学单元，教学内容充分体现课程的“综合”特色，融语言、文学、翻译和文化知识于一体，通过语言交际任务促进听、说、读、写、译技能的综合运用和全面发展。语言知识教学分语音、词汇、句法、语篇等进行专项训练，同时融合语言与知识教学，强调整体系统性；文学与文化知识教学凸显学科的人文特色，用经典题材透视英语国家的历史和文化，用热门话题反映现代社会的文明与进步；语言技能训练在不同等级学习阶段各有侧重。

（2）英语视听说

英语名称： Audio-Visual-Oral English

教学目标： 本课程旨在培养学生理解英语音、视频并就相关内容进行口头表达的能力。通过课程学习，学生应能正确辨别标准英语及其常见变体的语音和语调；分辨要义与细节，推断隐含意义，概括主旨大意；用缩写形式快速记录要点并拟列提纲；利用笔记对视听内容进行转述、复述、概述和评价；围绕单元主题就视听内容展开讨论，并对讨论结果进行口头总结和汇报。

教学内容：本课程主要包括视听理解与口头表达策略、语言知识及相关社会文化知识和语言运用与思辨能力三个方面的教学内容，要求突出阶段针对性、难度层级性和整体系统性，融合语言与知识教学，同时兼顾知识性、趣味性和思想教育意义。视听材料与学生的学习生活和社会生活密切相关，主题广泛、素材丰富、难易有序。主题按单元进行组织，主要涉及个人及人生经历、社会与文化生活、教育和科技发展等学生熟悉的话题；素材一般为标准语速日常口语材料，包括情景对话、专题讲话、学术讲座、演讲辩论、电视电台节目和电影片段等语言材料。

（3）英语口语

英语名称：Oral English

教学目标：本课程旨在培养学生运用英语进行口头表达与交际的能力。通过课程学习，学生应能掌握标准英语的语音和语调，并能适应常见英语变体的发音；掌握口头交际所需要的功能性语言，并逐步养成用英语思维的习惯；使用口头交际策略促进语言沟通和跨文化交际；就特定话题进行自由表达和讨论，并具有较强的思辨能力。

教学内容：本课程按语言功能组织口语训练教学任务，融合英语语言知识、社会文化知识、口头交际策略，构建话题丰富、形式多样、实用有效、循序渐进且系统性强的英语口语训练内容体系。课程教学内容侧重语音语调、句型句式、功能性语言、跨文化交际等方面的训练，着重培养学生的英语思维能力、连贯表达能力和跨文化交际能力。

（4）英语阅读

英语名称： English Reading

教学目标： 本课程旨在培养学生的英语阅读能力及思辨能力。通过课程学习，学生应能熟练掌握英语语言基础知识并具有一定的英语国家社会文化知识；熟练运用常用英语阅读策略；分辨事实和观点；根据上下文推断生词词义和隐含意义；归纳概括段落大意和篇章主旨；对篇章的文体、语体、结构、修辞、写作手法等进行分析；对作者的情感、态度、意图进行分析和评价；对相同或相关主题的不同篇章进行对比分析。

教学内容： 本课程主要围绕策略训练、知识学习和能力培养三个方面组织教学内容。策略方面主要训练略读、寻读、细读、评读等阅读理解技巧和方法；知识内容主要包括词汇、句法和篇章方面的英语语言知识，以及与阅读语篇相关的社会文化背景知识；能力培养主要包括文本语言理解、篇章结构分析以及思辨能力等方面的内容。教学内容按主题组织单元，主题广泛涉及社会、文化、教育、科技、经贸等不同领域。

（5）英语写作

英语名称： English Writing

教学目标： 本课程旨在培养学生使用英语进行书面表达的能力。通过课程学习，学生应熟练掌握英语写作的基础知识和基本技能，进行多种体裁短文的写作；了解学术写作的基本规范和方法，并能独立撰写小型课题研究报告及论文；养成良好的写作习惯，具有一定的思辨写作能力。

教学内容： 本课程主要包括写作知识、写作策略和写作能力三个方面的教学内容。写作知识主要包括选词组句、标点使用、篇章结构、文体特点、文章修改等方面的知识；写作策略方面强调句型运用、段落组织、篇章布局、范文模仿等写作技能和方法；写作能力培养主要包括立意构思、观点论证、修改评阅，以及思辨能力。教学内容按任务难度依次进行句段写作、多体裁写作和初级学术写作教学。写作话题循序渐进，从人物场景、家庭生活、校园活动向科技发明、人生哲理、社会问题推进，注重人文性、科学性和思想性的有机结合，着力提高学生分析问题、逻辑思辨和有效表达的能力。

（6）翻译概论

英语名称： Introduction to Translation

教学目标： 通过本课程学习，学生应能够了解翻译理论的发生和发展脉络，了解各种翻译理论流派的基本理论，具备一定理论分析和批判能力，能够独立撰写小型课题研究报告及论文。

教学内容： 本课程通过介绍各种翻译理论，使学生对翻译的本质、翻译的过程、翻译的对象、翻译的主体、影响翻译的因素、翻译的功能、对翻译的评价，以及多元文化语境下翻译的任务和使命产生更为全面、系统、深刻的认识。

（7）英汉/汉英笔译

英文名称： E-C/C-E Translation

教学目标： 本课程旨在培养学生英汉/汉英笔译的能力。通过课程学习，学生应能掌握翻译的主要理论、方法和质量标准；了解英汉两种语言的文本特点和文化差异；能翻译有一定难度的英汉语报纸、杂志、书籍中的文章，以及节录的小说、散文、戏剧等文学原著，速度达到每小时300～350个词；能独立承担一般用人单位的英汉/汉英笔译任务。

教学内容： 本课程主要培养学生的翻译实践能力，通过示例分析和笔译实训，让学生根据翻译的标准以及英汉两种语言在词汇、句法、篇章及社会文化等方面的异同，熟练运用各种翻译方法、技巧和策略。翻译素材兼顾知识性、趣味性和思想性，一般选取正式的文学、科技、旅游、新闻、广告、商务、法律、说明书等类型的文本。

（8）应用翻译

英语名称：Applied Translation

教学目标：本课程旨在探讨应用文体的翻译性质及一般转换规律，培养学生的文体差异意识、转换意识及转换能力，从而在学生已获得的翻译基础知识与技能的基础上，提升他们对各种应用文体翻译的感性与理性认识，有针对性地培养学生从事应用语篇英汉互译的能力，使翻译课程学习与就业需求紧密且有效地结合起来，为其将来从事各类翻译工作打下良好的基础。

教学内容：本课程讲解应用文体文本的产生过程、文本特征与功能（如信息功能与表感功能）及其翻译的方法、策略与技巧。通过课程学习，学生可基本了解各主要应用文体（如商务文体、新闻文体、科技文体、法律文体、旅游文体、论述文体等）的文本特征及各主要应用文体的翻译标准、原则、方法与技巧。

（9）联络口译

英语名称：Liaison Interpreting

教学目标：本课程旨在培养学生的跨文化交际意识和基础口译能力，使学生在掌握联络陪同口译技巧的同时，基本具备外事联络与外事接待工作中的口译工作能力以及沟通协调能力。通过课程学习，学生应当了解基本的口译理论，了解口译本质和特点，掌握基本的口译技巧，可以用中英双语对国内外时事或热门话题进行准确流利的口头阐述。本课程的学习可以帮助学生打下扎实的口译基础，为交替传译课程的学习作准备。

教学内容：本课程教授的口译技巧主要包括：如何提升听力理解能力、如何提升短时记忆能力和专注力、如何抓取并处理关键信息、如何记笔记、如何快速准确地口头转换数字、如何提升公共演讲能力、如何进行有效的协调沟通、如何应对突发状况等。此外，在以实践为主导的基础上，本课程还穿插引入相关的基础口译理论知识。

（10）交替传译

英语名称： Consecutive Interpreting

教学目标： 本课程是在联络口译基础上开设的一门课程，旨在进一步提高学生的英汉口头转换能力、口头转换速度、语篇分析能力、双语表达能力的同时，加强对学生跨文化能力的培养。通过课程学习，学生能更为流畅、快速、准确地用目的语口头表达源语的意思，并能更好地了解并掌握不同口译场合的基本应对方法，具备良好的跨文化沟通协调能力和过硬的心理素质。

教学内容： 本课程以主题为驱动，覆盖迎来送往、行程安排、商务访问、旅游接待、礼宾礼仪、会展会务、休闲娱乐多方面的内容。学生将学习高阶口译技巧，如中英组织机构名称的互译、中英图表互译、中英习语和惯用语的互译等。此外，本课程进一步引入口译理论，开拓学生思路，全面培养学生的口译理论素养和实践能力。

（11）专题口译

英语名称： Topic-Based Interpreting

教学目标： 本课程旨在加深学生对常见专业领域的了解，帮助学生不断扩充知识面，在进一步巩固口译技巧的同时，提升学生完成专业领域口译任务的能力。

教学内容： 本课程按专题编排，覆盖商务谈判、科学技术、会展会务、财经金融、国际交流、体育事业、医疗服务等专题。通过介绍专题相关的专业词汇及基本知识，引导学生学习并记忆专业词汇，由浅入深、循序渐进地开展口译练习，加深学生对各个专题的理解，提升学生的口译准确度和流利度，加强学生应对专业性较强的口译任务的能力。

（12）中国文化概要

英语名称： Introduction to Chinese Culture

教学目标： 本课程旨在使学生对中国悠久的历史、灿烂的文化和优秀的文学传统有深入的了解，培养学生对中国文化的自豪和热爱，扩展文化视野，丰富文化内涵。通过课程学习，学生应能做到向世界介绍中国的历史发展轨迹、基本国情、风土人情、民俗习惯等一般人文知识，并具备较强的跨文化交际、交流意识，能在跨文化交流中尊重文化多样性，实现有效沟通。

教学内容： 本课程可以根据历史年代（古代、近代、现代）组织教学内容，也可以根据主题组织教学内容。教学主题可以包括且不限于：历史、政体、宗教、人文地理、法律制度、伦理价值观、少数民族政策、语言文字、哲学、教育、科技、艺术、民俗等。在教学材料的选择上注意材料的代表性、包容性、多样性和时代性，讲究古今结合、南北兼顾，并突出跨文化交际的视角。

（13）英语国家概况

英语名称： Introduction to English-Speaking Countries

教学目标： 通过课程学习，学生应具有探究英美社会文化的兴趣，比较系统地了解主要英语国家的人文地理、政治制度、社会文化等概况，能够深入理解与把握社会现象背后所蕴含的文化价值观，掌握进一步学习文学、文化、翻译、语言等方向的课程所需的文化背景知识，具备较强的跨文化交际能力。

教学内容： 本课程既可以按照国别组织教学内容，也可以根据主题组织教学内容。教学主题可以包括且不限于：人文地理、历史沿袭、政治体制和选举制度、司法体系、外交政策、经济发展、教育体系、宗教和种族、传统价值观、大众传媒与通信系统、休闲文化（包括饮食文化、体育文化、娱乐生活）等。在教学材料的选择上应注重材料的概括性、典型性、公正性、多样性和时代性，既包括扩大学生知识面的事实性材料，也包括促进学生概括、分析、推理等深层次思考能力提升的观点型材料。

（14）英语文学导论

英语名称： Introduction to English Literature

教学目标： 本课程旨在帮助学生掌握英语文学基础知识，提高理解、欣赏和评价英语文学作品的能力。通过课程学习，学生应能理解英语文学的基本要素；熟悉英国和美国的文学传统，并对其他英语国家的文学以及后殖民英语文学的多元发展有一定了解；通过文学作品深入了解英语国家的语言、社会、文化及其历史传承；掌握文学研究的基础理论和基本方法，并能对英语文学作品进行分析和评论。

教学内容： 本课程主要包括文学作品导读、西方文论与文学批评等方面的内容。文学作品导读以英美文学史上的经典名作为主，重点介绍小说、诗歌、戏剧三类文学体裁的要素特征、主要流派及相关文学史知识，并将加拿大、澳大利亚、新西兰等英美以外英语国家的文学作品穿插在课程中进行讨论，以体现当代英语文学发展的新格局和趋势。西方文论与文学批评着重介绍马克思主义、精神分析、女性主义、接受美学、后殖民批评等现代西方文学分析与批评理论，以及学术论文撰写的基本规范和常见体例，指导学生运用有关理论进行初步、规范的文学批评写作。

（15）语言学导论

英语名称： Introduction to Linguistics

教学目标： 本课程旨在培养学生对人类语言的理性认识，提高学生的语言文化意识和思辨能力。通过课程学习，学生应能初步掌握语言学的基本概念、原则和方法；了解语言学的基本分支和主要理论流派；了解语言学跨学科应用与研究的主要领域、课题和发展趋势；运用语言学知识观察和分析语言现象，促进外语学习。

教学内容： 本课程主要包括语言与语言学、语言学的基本分支和语言学的跨学科研究等方面的内容。语言与语言学主要突出语言的甄别性特征、语言的功能和语言学基本概念；语言学基本分支重点介绍语音学、音位学、词汇学、句法学、语义学、语用学等分支的基本内容及研究方法，以及现代语言学主要流派的基本观点；语言学的跨学科研究简要介绍语言与社会、语言与文化、语言与大脑、语言学与外语教学、体裁与专业话语实践等方面的基本知识和主要研究课题。

（16）跨文化交际

英语名称： Intercultural Communication

教学目标： 本课程旨在帮助学生理解文化现象、适应文化差异、提高跨文化交际能力。通过课程学习，学生应能掌握跨文化交际的基本概念、基础理论和基本方法；尊重世界文化的多样性，同时增强批判性文化意识，并能对不同文化现象进行阐释和评价；得体、有效地进行跨文化交际并帮助不同文化背景的人士进行跨文化沟通。

教学内容： 本课程主要包括跨文化交际相关理论和实践两个部分的内容。理论部分重点介绍文化、交际、跨文化交际等基本概念，跨文化交际研究的主要理论和方法，交际过程中存在的语言差异、非语言差异和社会习俗差异等。实践部分侧重介绍如何运用相关跨文化理论知识克服跨文化交际中的障碍，如分析商务、教育、医疗领域中跨文化交际的主要障碍并提出行之有效的解决方案等。

（17）翻译技术

英语名称： Translation Technology

教学目标： 本课程旨在帮助学生了解翻译技术的特点、分类和发展趋势，培养学生运用各种翻译技术和工具的能力，提高学生的翻译技术素养，为其将来从事相关职业和研究打下坚实的基础。

教学内容：课程教学内容共分为搜索、术语、记忆库、机器翻译等四个部分的内容。其中搜索部分主要讲授以翻译为目的的搜索的特点，以及搜索引擎搜索和语料库搜索的使用；术语部分主要包括术语的识别、提取和术语库的建设方法；记忆库部分主要包括记忆库的建立和使用方法；机器翻译部分主要包括机器翻译质量评测和译后编辑技巧。

（18）研究方法与学术写作

英语名称：Translation and Interpreting Studies: Research Methods and Academic Writing

教学目标：本课程旨在引导学生掌握学术研究的基本方法，从而培养其人文社会科学研究与论文撰写的基本能力。课程结束后，学生应熟悉学术研究的标准及特点，掌握学术研究的必要方法与步骤，了解学术研究的道德规范，具备应有的人文社会科学研究能力与学术创新意识；掌握英语学术论文撰写的基本格式与规范，能够进行适当的选题，并借助适当的研究方法用英语撰写与翻译专业相关的学术研究论文和翻译实践报告。

教学内容：本课程注重理论与实践并举，将课堂讨论及项目学习同理论讲授相互结合，为学生毕业论文（包括学术论文与翻译实践报告）的选题、撰写，提供课程支撑。课程主要教学内容包括：一、介绍学术研究的概念、性质、特点以及学术道德与规范；二、阐释论文撰写的合理流程，主要包括论文选题、论文框架构思、论文立论的展开等；三、学习人文社会科学基本研究方法，如定性与定量方法、规定与描述方法、语料库手段等；四、使用常见的检索工具，有效搜集筛选、阅读分析和规范使用相关学术文献；五、梳理中外译学理论与方法等。

三、普通高等学校本科商务英语专业教学指南

1. 概述

商务英语专业隶属于外国语言文学学科，主要以国际商务、国际贸易、国际会计、国际金融、跨境电子商务等为学习和研究对象，具有跨学科特点。学科基础包括英语语言学、英语文学、翻译学、跨文化研究，相关学科主要有经济学、管理学、法学、历史学、政治学等。

2. 适用专业范围

本《指南》适用于商务英语专业。

专业代码为050262。

3. 培养目标

商务英语专业旨在培养具有扎实的英语语言基本功和相关商务专业知识，拥有良好的人文素养、中国情怀与国际视野，熟悉文学、经济学、管理学和法学等相关理论知识，掌握国际商务的基础理论与实务，具备较强的跨文化能力、商务沟通能力与创新创业能力，能适应国家与地方经济社会发展、对外交流与合作需要，能熟练使用英语从事国际商务、国际贸易、国际会计、国际金融、跨境电子商务等涉外领域工作的国际化复合型人才。

4. 培养规格

4.1 素质要求

本专业学生应具有正确的世界观、人生观、价值观，良好的道德品质，中国情怀与国际视野，人文与科学素养，合作精神，创新精神，创业意识和学科基本素养；具备良好的职业精神、商业伦理意识和社会责任感。

4.2 知识要求

本专业学生应掌握英语语言、文学、翻译、英语国家社会文化、跨文化研究等基本理论和基础知识；掌握商务活动的基本工作内容和运行机制；熟悉商务组织治理结构、战略规划、运营管理等方面的基本理论和基础知识；了解经济学、管理学、法学等相关学科基础知识；了解我国对外经贸政策法规、国际商务领域的规则和惯例，以及国际商务活动中的相关环境因素。

4.3 能力要求

本专业学生应具有良好的商务英语运用能力和跨文化商务沟通能力；具有良好的思辨能力、量化思维能力、数字化信息素养；具有基本的商务分析、决策和实践能力；具有良好的团队合作能力，较强的领导、管理、协调和沟通能力；具有终身学习能力；具有良好的汉语表达能力和一定的第二外语运用能力。

5. 学制、学分与学位

学制：四年

总学分：150～180学分。其中：

公共基础类课程约占30%；

专业核心课程约占38%；

专业方向课程约占17%；

实践教学环节（含毕业论文）约占15%。

学位：文学学士

6. 课程体系

本专业课程体系包括公共基础类课程、专业核心课程、专业方向课程、实践教学环节（含毕业论文）四个部分。

公共基础类课程包括公共必修课程和通识选修课程。公共必修课程一般包括思想政治理论、信息技术、体育与健康、军事理论与训练、创新创业教育、

第二外语等课程；通识选修课程一般包括提升学生知识素养、道德品质与身心素质的人文社会科学和自然科学课程，各学校可根据自身办学定位、办学特色和人才培养需要开设。

专业核心课程由语言技能课程和专业知识课程组成，主要包括综合商务英语、商务英语视听说、商务英语阅读、英语演讲与辩论、商务英语写作、商务翻译、英语文学导论、语言学导论、西方文明史、经济学导论、管理学导论、商务导论、跨文化商务交际导论、商业伦理、中国文化概要、研究方法与学术写作等课程。

专业方向课程分为必修课程和选修课程，主要包括国际商务、国际贸易、国际会计、国际金融、跨境电子商务等方向的系列课程。

实践教学环节包括专业实践课程、专业实习、创新创业实践、社会实践、国际交流和毕业论文（设计）等。毕业论文（设计）一般用英语撰写，正文长度一般不少于5000词，形式可为学术论文、商务计划书、商务研究报告和商务案例分析报告等多种形式。按教育部有关文件要求，实践教学环节的学分应不低于商务英语专业总学分的15%，其中毕业论文（设计）的学分不低于总学分的3%。

7. 教学计划（参考）

7.1公共基础类课程

表1 公共基础类课程开课计划表

<table>
<tr><th colspan="2" rowspan="2">课程类别</th><th rowspan="2">课程名称</th><th rowspan="2">总学时</th><th colspan="2">学时分配</th><th rowspan="2">学分数</th><th rowspan="2">开课学期</th><th rowspan="2">周学时</th><th rowspan="2">备注</th></tr>
<tr><th>讲授</th><th>实践(验)</th></tr>
<tr><td rowspan="2">公共基础类课程</td><td>公共必修课程</td><td colspan="7">按国家相关要求开设（含第二外语）</td><td>40学分</td></tr>
<tr><td>通识选修课程</td><td colspan="7">学校可根据自身人才培养实际需要开设</td><td>10学分</td></tr>
</table>

7.2 专业核心课程

表2 专业核心课程开课计划表

课程类别		课程名称	总学时	学时分配		学分	开课学期	周学时	备注
				讲授	实践(验)				
专业核心课程	必修课程	综合商务英语（一）	64	48	16	4	1	4	
		综合商务英语（二）	64	48	16	4	2	4	
		综合商务英语（三）	64	48	16	4	3	4	
		综合商务英语（四）	64	48	16	4	4	4	
		商务英语视听说（一）	32	24	8	2	1	2	
		商务英语视听说（二）	32	24	8	2	2	2	
		商务英语视听说（三）	32	24	8	2	3	2	
		商务英语视听说（四）	32	24	8	2	4	2	
		商务英语阅读（一）	32	32		2	1	2	
		商务英语阅读（二）	32	32		2	2	2	
		商务英语阅读（三）	32	32		2	3	2	
		西方文明史	32	32		2	4	2	
		商务导论	64	64		4	2	4	
		管理学导论（双语）	32	32		2	3	2	
		经济学导论（双语）	32	32		2	3	2	
		商务英语写作（一）	32	24	8	2	3	2	
		商务英语写作（二）	32	24	8	2	4	2	
		商务英语写作（三）	32	24	8	2	5	2	
		英语演讲与辩论（一）	32	16	16	2	4	2	
		英语演讲与辩论（二）	32	16	16	2	5	2	
		商务翻译（一）	32	8	24	2	5	2	

（续表）

课程类别		课程名称	总学时	学时分配		学分	开课学期	周学时	备注
				讲授	实践(验)				
		商务翻译（二）	32	8	24	2	6	2	
		跨文化商务交际导论	64	48	16	4	5	4	
		语言学导论	32	32		2	6	2	
		中国文化概要	32	32		2	5	2	
		英语文学导论	32	32		2	6	2	
		商业伦理	32	24	8	2	6	2	
		研究方法与学术写作	32	32		2	7	2	
		……							

7.3 专业方向课程

表3 专业方向课程开课计划表

课程类别		课程名称	总学时	学时分配		学分数	开课学期	周学时	备注
				讲授	实践(验)				
国际商务方向课程	必修/选修课程	世界经济概论*	32	32		2	4	2	完整修读1个方向，该方向至少修读28学分，其中标注*课程为必修课程。
		国际商务导论*	32	32		2	4	2	
		国际商务谈判*	32	24	8	2	6	2	
		国际商法导论*	32	32		2	6	2	
		战略管理	32	32		2	3	2	
		商务计划	32	28	4	2	3	2	
		国际金融	32	32		2	4	2	
		组织行为学	32	32		2	4	2	
		国际商务合同	32	32		2	4	2	
		国际贸易	32	32		2	5	2	
		财务管理	32	32		2	5	2	
		跨境电子商务	32	32		2	5	2	

（续表）

<table>
<tr><th colspan="2" rowspan="2">课程类别</th><th rowspan="2">课程名称</th><th rowspan="2">总学时</th><th colspan="2">学时分配</th><th rowspan="2">学分数</th><th rowspan="2">开课学期</th><th rowspan="2">周学时</th><th rowspan="2">备注</th></tr>
<tr><th>讲授</th><th>实践(验)</th></tr>
<tr><td rowspan="8"></td><td rowspan="8"></td><td>国际关系与国际政治基础</td><td>32</td><td>32</td><td></td><td>2</td><td>5</td><td>2</td><td rowspan="8"></td></tr>
<tr><td>国际市场营销</td><td>32</td><td>32</td><td></td><td>2</td><td>6</td><td>2</td></tr>
<tr><td>国际项目管理</td><td>32</td><td>32</td><td></td><td>2</td><td>6</td><td>2</td></tr>
<tr><td>跨国公司管理</td><td>32</td><td>32</td><td></td><td>2</td><td>6</td><td>2</td></tr>
<tr><td>国际市场调查与预测</td><td>32</td><td>24</td><td>8</td><td>2</td><td>6</td><td>2</td></tr>
<tr><td>商务分析</td><td>32</td><td>24</td><td>8</td><td>2</td><td>7</td><td>2</td></tr>
<tr><td>国际商务模拟实践</td><td>32</td><td>16</td><td>16</td><td>2</td><td>7</td><td>2</td></tr>
<tr><td>……</td><td></td><td></td><td></td><td></td><td></td><td></td></tr>
<tr><td rowspan="16">国际贸易方向课程</td><td rowspan="16">必修/选修课程</td><td>世界经济概论*</td><td>32</td><td>32</td><td></td><td>2</td><td>4</td><td>2</td><td rowspan="16">完整修读1个方向，该方向至少修读28学分，其中标注*课程为必修课程。</td></tr>
<tr><td>国际贸易原理*</td><td>32</td><td>32</td><td></td><td>2</td><td>4</td><td>2</td></tr>
<tr><td>国际贸易实务*</td><td>32</td><td>24</td><td>8</td><td>2</td><td>5</td><td>2</td></tr>
<tr><td>国际商务导论*</td><td>32</td><td>32</td><td></td><td>2</td><td>5</td><td>2</td></tr>
<tr><td>国际结算</td><td>32</td><td>32</td><td></td><td>2</td><td>3</td><td>2</td></tr>
<tr><td>战略管理</td><td>32</td><td>32</td><td></td><td>2</td><td>3</td><td>2</td></tr>
<tr><td>国际服务贸易</td><td>32</td><td>32</td><td></td><td>2</td><td>4</td><td>2</td></tr>
<tr><td>公司战略与风险管理</td><td>32</td><td>32</td><td></td><td>2</td><td>5</td><td>2</td></tr>
<tr><td>国际商务合同</td><td>32</td><td>32</td><td></td><td>2</td><td>5</td><td>2</td></tr>
<tr><td>跨境电子商务</td><td>32</td><td>32</td><td></td><td>2</td><td>5</td><td>2</td></tr>
<tr><td>国际商法导论</td><td>32</td><td>32</td><td></td><td>2</td><td>5</td><td>2</td></tr>
<tr><td>国际商务谈判</td><td>32</td><td>24</td><td>8</td><td>2</td><td>6</td><td>2</td></tr>
<tr><td>国际市场营销</td><td>32</td><td>32</td><td></td><td>2</td><td>6</td><td>2</td></tr>
<tr><td>商务分析</td><td>32</td><td>24</td><td>8</td><td>2</td><td>6</td><td>2</td></tr>
<tr><td>国际项目管理</td><td>32</td><td>32</td><td></td><td>2</td><td>6</td><td>2</td></tr>
<tr><td>物流管理</td><td>32</td><td>32</td><td></td><td>2</td><td>6</td><td>2</td></tr>
</table>

（续表）

课程类别		课程名称	总学时	学时分配		学分数	开课学期	周学时	备注
				讲授	实践(验)				
		国际金融	32	32		2	6	2	
		国际关系与国际政治基础	32	32		2	7	2	
		外贸运输与保险	32	32		2	7	2	
		……							
国际会计方向课程	必修/选修课程	金融学*	32	32		2	3	2	完整修读1个方向，该方向至少修读28学分，其中标注*课程为必修课程。
		基础会计*	32	24	8	2	4	2	
		财务管理*	32	32		2	5	2	
		中级财务会计*	32	24	8	2	6	2	
		经济法	32	32		2	3	2	
		证券投资学	32	32		2	4	2	
		资产评估	32	32		2	4	2	
		会计信息系统	32	24	8	2	4	2	
		审计学	32	32		2	5	2	
		税法	32	32		2	5	2	
		成本会计	32	24	8	2	5	2	
		管理会计	32	24	8	2	5	2	
		公司战略与风险管理	32	32		2	6	2	
		财务报表编制与分析	32	24	8	2	6	2	
		税收筹划	32	32		2	6	2	
		政府与非营利性组织会计	32	32		2	6	2	
		内部控制	32	32		2	7	2	
		业绩管理	32	32		2	7	2	
		应用统计学	32	24	8	2	7	2	
		……							

（续表）

课程类别		课程名称	总学时	学时分配		学分数	开课学期	周学时	备注
				讲授	实践(验)				
国际金融方向课程	必修/选修课程	金融学*	32	32		2	4	2	完整修读1个方向，该方向至少修读28学分，其中标注*课程为必修课程。
		会计学*	32	24	8	2	5	2	
		国际金融*	32	32		2	6	2	
		国际投资学*	32	32		2	6	2	
		世界经济概论	32	32		2	3	2	
		保险学	32	32		2	3	2	
		国际市场营销	32	32		2	4	2	
		国际贸易	32	24	8	2	4	2	
		跨国公司与直接投资	32	32		2	4	2	
		公司理财	32	24	8	2	5	2	
		证券投资学	32	32		2	5	2	
		金融市场	32	32		2	5	2	
		金融风险管理	32	32		2	6	2	
		商业银行经营管理	32	32		2	6	2	
		国际结算	32	32		2	6	2	
		金融法	32	32		2	6	2	
		财务报表分析	32	24	8	2	7	2	
		信托与租赁	32	32		2	7	2	
		个人理财	32	24	8	2	7	2	
		……							

（续表）

课程类别		课程名称	总学时	学时分配		学分数	开课学期	周学时	备注
				讲授	实践(验)				
跨境电子商务方向课程	必修/选修课程	国际商务导论*	32	32		2	4	2	完整修读1个方向，该方向至少修读28学分，其中标注*课程为必修课程。
		跨境电子商务概论*	32	32		2	4	2	
		国际贸易*	32	24	8	2	5	2	
		国际市场网络营销*	32	24	8	2	5	2	
		应用统计学	32	32		2	3	2	
		新媒体营销	32	24	8	2	3	2	
		数据报表与信息管理	32	32		2	4	2	
		网络消费心理学	32	32		2	4	2	
		国际结算	32	32		2	5	2	
		国际商务合同	32	32		2	5	2	
		跨境电商客服	32	32		2	5	2	
		国际商务谈判	32	24	8	2	6	2	
		现代物流基础	32	32		2	6	2	
		电子商务法律	32	32		2	6	2	
		跨境电子商务实践	32	24	8	2	6	2	
		新媒体图文设计	32	24	8	2	6	2	
		电子商务项目管理	32	32		2	7	2	
		跨境电商平台运营与管理	32	24	8	2	7	2	
		财务报表分析	32	24	8	2	7	2	
		……							
		说明：建议学校根据自身办学定位、办学条件和办学特色，设置专业方向选修课程。							

7.4 实践教学环节

表4 实践教学环节计划表

<table>
<tr><th colspan="2" rowspan="2">类别</th><th rowspan="2">名称</th><th rowspan="2">总学时</th><th colspan="2">学时分配</th><th rowspan="2">学分</th><th rowspan="2">开课学期</th><th rowspan="2">周学时</th><th rowspan="2">备注</th></tr>
<tr><th>讲授</th><th>实践(验)</th></tr>
<tr><td rowspan="19">实践教学环节</td><td rowspan="4">专业实践课程</td><td>英语语音训练</td><td>28</td><td>20</td><td>8</td><td>1</td><td>1</td><td>2</td><td rowspan="7"></td></tr>
<tr><td>笔译实训</td><td>32</td><td>10</td><td>22</td><td>2</td><td>5</td><td>2</td></tr>
<tr><td>口译实训</td><td>32</td><td>10</td><td>22</td><td>2</td><td>6</td><td>2</td></tr>
<tr><td>课外阅读</td><td></td><td></td><td></td><td>6</td><td>1–6</td><td>2</td></tr>
<tr><td rowspan="3">专业实习</td><td>创业实践</td><td>32</td><td>10</td><td>22</td><td>2</td><td>7</td><td>2</td></tr>
<tr><td>专业实习</td><td>4周</td><td></td><td></td><td>4</td><td>8</td><td></td></tr>
<tr><td>……</td><td></td><td></td><td></td><td></td><td></td><td></td></tr>
<tr><td rowspan="5">创新创业实践</td><td>学科竞赛</td><td></td><td></td><td></td><td>1</td><td>3–8</td><td></td><td rowspan="5">至少修2个学分。</td></tr>
<tr><td>英语学习兴趣小组</td><td></td><td></td><td></td><td>1</td><td>3–8</td><td></td></tr>
<tr><td>创新项目</td><td></td><td></td><td></td><td>1</td><td>3–8</td><td></td></tr>
<tr><td>学术社团</td><td></td><td></td><td></td><td>1</td><td>3–8</td><td></td></tr>
<tr><td>……</td><td></td><td></td><td></td><td></td><td></td><td></td></tr>
<tr><td rowspan="5">社会实践</td><td>社会调查</td><td></td><td></td><td></td><td>1</td><td>3–8</td><td></td><td rowspan="5">至少修2个学分。</td></tr>
<tr><td>志愿服务</td><td></td><td></td><td></td><td>1</td><td>3–8</td><td></td></tr>
<tr><td>勤工助学</td><td></td><td></td><td></td><td>1</td><td>3–8</td><td></td></tr>
<tr><td>支教活动</td><td></td><td></td><td></td><td>1</td><td>3–8</td><td></td></tr>
<tr><td>……</td><td></td><td></td><td></td><td></td><td></td><td></td></tr>
<tr><td rowspan="3">国际交流</td><td>出国（境）学习</td><td></td><td></td><td></td><td>1</td><td>3–8</td><td></td><td rowspan="3">至少修1个学分。</td></tr>
<tr><td>参加涉外活动</td><td></td><td></td><td></td><td>1</td><td>3–8</td><td></td></tr>
<tr><td>……</td><td></td><td></td><td></td><td></td><td></td><td></td></tr>
</table>

（续表）

<table>
<tr><th rowspan="2" colspan="2">类别</th><th rowspan="2">名称</th><th rowspan="2">总学时</th><th colspan="2">学时分配</th><th rowspan="2">学分</th><th rowspan="2">开课学期</th><th rowspan="2">周学时</th><th rowspan="2">备注</th></tr>
<tr><th>讲授</th><th>实践(验)</th></tr>
<tr><td rowspan="5"></td><td rowspan="5">毕业论文(设计)</td><td>学术论文</td><td rowspan="5">10周</td><td rowspan="5"></td><td rowspan="5"></td><td rowspan="5">5</td><td rowspan="5">8</td><td rowspan="5"></td><td rowspan="5"></td></tr>
<tr><td>商务计划书</td></tr>
<tr><td>商务研究报告</td></tr>
<tr><td>商务案例分析报告</td></tr>
<tr><td>……</td></tr>
</table>

8. 教学要求

贯彻学生中心、产出导向、持续改进的教育理念。合理设置课程教学目标和评价标准，做到课程教学目标可衡量、可达成、可评价。在教学过程中以能力培养为导向、以内容为依托，在实现语言技能训练和商务专业知识教学有机融合的基础上，综合运用探究式学习、合作式学习、体验式学习等教学方式以及混合式教学、翻转课堂等教学方法，推进现代信息技术与专业教学的有效融合，突出语言运用能力、思辨能力、数字化信息素养、量化思维以及创新精神、创业意识、创造能力培养，注重专业素养和跨学科思维的养成。激发学生学习兴趣与潜能，鼓励学生独立思考，合理提升学业挑战度，积极倡导探究性学习、反思性学习和整合性学习，培养学生高阶性学习能力，营造适合学生专业学习与个人发展的学习环境。

9. 教学评价

建立基于产出的教学有效性评价机制，培育基于证据的评价文化。制订专业教学评价方案，明确评价内容、标准和程序，保证评价的效度和信度。采取形成性评价和终结性评价相结合的评价方式，加强教学过程中的诊断性评价，突出形成性评价在教学评价中的重要作用。将语言综合运用能力有机融入专业课程教学评价中，突出专门用途英语（ESP）特色，并加强对学生解决复杂问题能力和高阶思维能力的评价，促进知识、能力、素质的有机融合。通过系统采集、分析、解释和反馈教学信息，充分发挥评价与反馈的积极作用，及时为学生和教师提供建设性反馈信息，实现学生学习和教师教学质量的持续改进。

10. 教师队伍

10.1 师资结构

商务英语专业应有一支合格的专任教师队伍，形成教研团队。教师的年龄结构、学缘结构、职称结构合理。根据需要从行业或企业专家中聘请兼职教师。有条件的高等学校应聘请外籍教师。生师比按教育部的要求应不高于18:1。

10.2 教师素质

专任教师应：（1）符合《中华人民共和国教师法》和《中华人民共和国高等教育法》规定的资格和条件，履行相关义务；（2）具有外国语言文学类学科或相关学科研究生学历；（3）具有厚实的专业知识，熟悉外语教学与学习的理论和方法，对教育学、心理学等相关学科知识有一定了解；（4）具有扎实的英语语言基本功、评价素养、教学设计与实施能力、课堂组织与管理能力、现代教育技术和教学手段的应用能力，以及教学反思和改革能力；（5）具有明确的学术研究方向和研究能力。外籍教师的聘任应根据岗位需要，达到上述条款中所有适用标准。

10.3 教师发展

学校应制订科学的教师发展规划与制度，通过学历教育、在岗培养、国内外进修与学术交流、行业实践等方式，使教师不断更新教育理念，优化知识结构，提高专业理论水平与教学和研究能力。教师应树立终身发展的观念，制订切实可行的发展计划，不断提高教学水平和研究能力。

11. 教学条件

11.1 教学设施

教学场地和实践场所在数量和功能上应满足教学需要，并配备专职人员对教学设施进行日常管理和维护；拥有覆盖学习及生活场所的网络系统，具备实施现代化教学的软件和硬件条件。

11.2 信息资源

图书资料能满足学生的学习和教师的教学与科研所需；管理规范，共享程度高；应有一定比例的外文图书和报刊；拥有本专业相关的电子资源。

11.3 实践教学

具备满足人才培养需要的相对稳定的实践教学条件；应根据专业特点和需要建设专业实验室、实训中心、校内外实践教学基地等；应充分利用各种资源建设大学生创新创业教育平台。

11.4 教学经费

教学和科研经费有保障，总量能满足教学需要。年生均教学日常运行支出不低于教育部对本科专业设置的要求。不同地区、不同类型的学校应根据实际情况合理提高教学经费的投入。

12. 质量管理

12.1 内部保障机制要求

应建立完善的教学质量标准体系和校院两级教学质量保障机制。专业教学质量保障目标清晰，各教学环节质量标准科学明确，能开展常态化质量监测和专业自我评价，形成追求卓越的教学质量文化。

12.2 外部评价机制要求

应建立毕业生跟踪反馈机制以及社会评价机制，能定期开展毕业生和用人单位调查，对培养方案是否有效达到培养目标进行定期评价。

12.3 持续改进机制要求

应建立完善的持续改进机制，能根据专业建设需要定期对校内外评价结果进行分析，确保教学过程质量监控、毕业生跟踪反馈和社会评价等分析结果及时用于专业的持续改进。

13. 术语与释义

（1）商务英语运用能力

在国际商务活动中，能理解英语口语和书面语传递的信息、观点、情感；能使用英语口语和书面语有效传递信息，表达思想、情感，再现生活经验，并能注意语言表达的得体性和准确性；能借助语言工具书和相关资源进行笔译工作，并能完成一般的口译任务；能参照国际商务话语实践共同体的规则和惯例，有效使用交际策略提高商务交际效果；能运用语言学知识和基本研究方法对商务英语语言现象进行分析与解释。

（2）跨文化能力

尊重世界文化多样性，具有跨文化包容性和批判性意识；掌握基本的跨文化研究理论知识和分析方法，理解中外文化的基本特点和异同；能对不同文化现象、文本和制品进行阐释和评价；能有效和恰当地进行跨文化沟通；能帮助不同文化背景的人士进行有效的跨文化沟通。

（3）思辨能力

勤学好问，尊重事实，理性判断，公正评价，敏于探究，持之以恒地追求真理；能对证据、概念、方法、标准、背景等要素进行阐述、分析、评价、推理与解释；能自觉反思和调节自己的思维过程。

（4）量化思维能力

能对国际商务环境中的主要因素进行评价和判断，在商务分析和决策中能有效运用图形、表格和数据，量化、呈现、说明商务信息，并能运用文字对图形、表格和数据所表达的信息进行描述、分析、整合和评价。

（5）数字化信息素养

能安全、负责、恰当地使用数字工具、技术和设备，明确信息需求，有效获取、分析、整合、评估、管理和传递信息和数字资源，支撑数字化时代的学习、工作和沟通。

（6）终身学习能力

具有终身学习的意识，能自我规划、自我管理，通过不断学习，适应社会和个人高层次、可持续发展的需要。

（7）实践能力

能通过实践活动拓展知识，掌握技能，学会与他人沟通合作；能运用所学的理论和技能解决实际问题；能管理时间，规划和完成任务；能承受压力，适应新环境；能运用基本的信息技术。

附录：专业核心课程描述

（1）综合商务英语

英语名称：Comprehensive Business English

教学目标：本课程旨在以"语言技能—商务知识—商务技能—商务思维—商务应用"的学习路径为基础，培养学生在国际商务领域内综合运用英语语言技能进行商务交际的能力。通过课程学习，学生应做到：能准确理解商务领域的英语口语和书面语篇内容；能使用准确、清晰、流利、得体的英语口语完成商务领域口头沟通任务；能运用准确、连贯、简洁、得体的英语书面语完成不同内容和体裁的商务沟通任务。

教学内容：本课程按照以商务活动为主题的场景模拟和案例学习等交际任务组织教学单元，线上、线下深度融合，全方位配置“课前、课中、课后”教学资源。按照语言与内容难度分级，逐层递进。授课内容涵盖语言技能、商务知识，以及主要英语国家、“一带一路”沿线国家和中国的商业文化。语言技能包括对语音、词汇、句法、语篇和语用等知识与策略进行专项训练，通过商务交际任务促进听、说、读、写、译技能的综合运用，强调语言能力的整体性。商务知识包括商业文化、国际商务、企业管理、市场营销、财务管理、商业竞争、商务谈判、国际贸易、国际纠纷、国际投资、创新创业、电子商务、物流运输、客户服务、商务办公等领域。

（2）商务英语视听说

英语名称：Audio-Visual-Oral Business English

教学目标：本课程旨在培养学生在国际商务沟通中理解口头英语并就相关内容进行口头表达的能力。通过课程学习，学生应做到：能正确辨识标准英语及其常见变体的语音和语调；能识记基础英语词汇、商务英语词汇、句型表达；能分辨要义与细节，推断隐含意义，概括主旨大意；能利用笔记对视听内容进行转述、复述、概述和评价；能围绕单元主题就视听内容展开讨论，并对讨论结果进行口头总结和汇报；能运用信息技术进行有效沟通和准确获取信息；能理解主要英语国家及“一带一路”沿线国家的商业文化及中外商业文化差异，在商务沟通中运用国际商务基本概念和知识；能熟练运用英语视听说策略有效进行跨文化商务沟通。

教学内容：本课程使学生理解国际商务真实语境下不同题材、体裁、风格、交际模式、英语变体和语音的口语语篇，有效完成不同目的、主题和语域的国际商务交际任务。交际任务均参照真实的商务交际情景，内容涉及商业新闻报道、会议组织、工作报告、业务洽谈、市场开拓等商务话题，素材形式包括情景对话、专题讲话、商务谈判、演讲辩论、广播电视节目等语言材料，难度根据语言、话题和知识结构等进行分级。

（3）商务英语阅读

英语名称： Business English Reading

教学目标： 本课程旨在通过系统、全面地介绍英语阅读策略和技巧，帮助学生提升商务英语阅读能力，提高英语阅读速度。通过课程学习，学生应做到：能运用略读、速读、查读等阅读方法快速、准确地概括篇章和段落的主旨大意、分析逻辑结构、推断作者的态度和观点、掌握细节信息和隐含信息；具备较强的分析归纳能力，能对阅读材料进行概括、复述和评论；能运用语言知识和阅读技巧阅读各类题材和体裁的商务英语文本，拓宽商务知识。

教学内容： 本课程使学生能在阅读商务文本的过程中运用各种策略与技巧有效获取信息。阅读策略与技巧主要包括概括文章和段落的主旨大意、掌握段落的组织和布局、推理和判断主旨意图、猜测词义、区分事实和观点、掌握细节信息和隐含信息、进行快速阅读实践。阅读题材涉及商业文化、国际商务、企业管理、市场营销、财务管理、商业竞争、商务谈判、国际贸易、贸易纠纷、国际投资、创新创业、电子商务、物流运输、客户服务、商务办公等领域。体裁主要涉及商业新闻报道、产品发布、商务文书、公司年报、商务信函、法律文书、报刊（网站）等，根据语言和内容的难度进行分级。

（4）英语演讲与辩论

英语名称： English Public Speaking and Debating

教学目标： 本课程旨在培养学生运用英语在公开场合进行演讲和辩论的能力。通过课程学习，学生应具有比较扎实的英语语言功底，知识面广，视野宽阔；具有较强的逻辑推理、思辨能力和临场应变能力；能就某一话题广泛收集素材，撰写演讲稿并脱稿进行演讲；能在经过短时准备后就给定话题进行即席演讲；熟悉辩论的一般规则，能参与主题发言、抗辩、问题挑战、总结陈词等环节的辩论；能熟练运用演讲和辩论策略。

教学内容：本课程主要包括英语演讲与辩论的内容准备和策略训练两个方面的内容。内容准备主要指根据演讲和辩论的主题、目的、听众/对手等广泛收集素材，并通过归纳整理拟列提纲、撰写演讲稿或发言稿，为出场做好充分准备。策略训练重点训练提高口头表达效果的方法和技巧，主要包括：如何开场、过渡和总结；如何阐述观点、抒发情感、活跃气氛；如何运用表情、眼神、手势等肢体语言；如何把控音量、音高、语气和语调；如何克服紧张情绪、调整即时心态、改正不良习惯等。根据口头表达任务的特点和难度，有备和即兴演讲或辩论的训练各有侧重，训练由易到难、循序渐进。

（5）商务英语写作

英语名称：Business English Writing

教学目标：本课程旨在培养学生在国际商务环境下选用适当写作策略进行有效沟通的能力。通过课程学习，学生应做到：能掌握基础英语写作及商务写作基本理论、原则和技巧，了解商务沟通过程和参与要素；能辨识商务英语沟通环境与条件，选用有效的沟通策略；能分析商务沟通常见文件的体裁特征和语言特征；能有效利用数字化技术，提高商务写作有效性；能了解求职应聘过程，改进求职沟通效果；能理解人际沟通在商务沟通中的重要性。

教学内容：本课程主要包括商务沟通与跨文化商务沟通、商务写作策略与技巧、商务沟通体裁分析和信息技术应用四个方面的内容。商务沟通与跨文化商务沟通主要指商务沟通的目的、过程和要素；商务写作策略与技巧重点训练信息收集、分析和表达，积极信息、消极信息和说服性信息传达，数字化技术使用技巧；商务沟通体裁分析主要包括商务信函、备忘录、新闻发布稿、会议纪要、商务合同、商务报告、建议书、求职文件等常用体裁特征分析；信息技术应用侧重训练图表设计制作和评述、演示文稿设计、视觉辅助工具使用等。

（6）商务翻译

英语名称： Business Translation

教学目标： 本课程旨在培养学生掌握商务翻译的基本概念和理论基础，训练英汉互译常用策略和技巧，具备常见商务文本的翻译能力。通过课程学习，学生应做到：能在翻译实践中运用理论知识进行文本分析和体裁分析；能熟练运用翻译策略和技巧，完成不同类型商务文本的翻译任务；能在商务翻译实践中识别并尊重文化间的差异，体现较好的跨文化翻译能力；能够熟练运用现代信息技术手段解决翻译实践问题，具备良好的信息素养。

教学内容： 本课程内容主要包括翻译理论学习和翻译实践能力培养两部分的内容。理论部分包括商务翻译相关概念、理论、标准、过程、常用策略与技巧，英汉语言与文化对比等。实践部分通过示例分析和笔译实训，让学生根据翻译的标准以及英汉两种语言在词汇、句法、篇章及社会文化等方面的异同，熟练运用直译、意译、归化、异化等翻译方法、技巧和策略。翻译素材包括商务信函、商务合同、商业广告、产品说明、企业介绍、商务文书等常用商务体裁。

（7）英语文学导论

英语名称： Introduction to English Literature

教学目标： 本课程旨在帮助学生掌握英语文学基础知识，提高理解、欣赏和评价英语文学作品的能力。通过课程学习，学生应做到：理解英语文学的基本要素；熟悉英国和美国的文学传统，并对其他英语国家的文学以及后殖民英语文学的多元发展有一定了解；能通过文学作品深入了解英语国家的语言、社会、文化及其历史传承；掌握文学研究的基础理论和基本方法，对英语文学作品进行分析和评论。

教学内容：本课程主要包括文学作品导读、西方文论与文学批评等方面的内容。文学作品导读以英美文学史上的经典名作为主，重点介绍小说、诗歌、戏剧三类文学体裁的要素特征、主要流派及相关文学史知识，并将加拿大、澳大利亚、新西兰等英美以外英语国家的文学作品穿插在课程中进行讨论，以体现当代英语文学发展的新格局和趋势。西方文论与文学批评着重介绍马克思主义、精神分析、女性主义、接受美学、后殖民批评等现代西方文学分析与批评理论，以及学术论文撰写的基本规范和常见体例，指导学生运用有关理论进行初步、规范的文学批评写作。

（8）语言学导论

英语名称：Introduction to Linguistics

教学目标：本课程旨在培养学生对人类语言的理性认识，提高学生的语言文化意识和思辨能力，促进专业话语实践能力观的形成。通过课程学习，学生应做到：初步掌握语言学的基本概念、原则和方法；了解语言学的基本分支和主要理论流派；了解语言学跨学科应用与研究的主要领域、课题和发展趋势；能运用语言学知识观察和分析语言现象，促进外语学习。

教学内容：本课程主要包括语言与语言学、语言学的基本分支和语言学的跨学科研究等方面的内容。语言与语言学主要突出语言的甄别性特征、语言的功能和语言学基本概念；语言学基本分支重点介绍语音学、音位学、词汇学、句法学、语义学、语用学等分支的基本内容及研究方法，以及现代语言学主要流派的基本观点；语言学的跨学科研究简要介绍语言与社会、语言与文化、语言与大脑、语言学与外语教学、体裁与专业话语实践等方面的基本知识和主要研究课题。

（9）西方文明史

英语名称： History of Western Civilization

教学目标： 本课程旨在帮助学生了解西方文明的发展历程，同时继续夯实英语语言基础、拓展文化视野、提升人文素养和逻辑思辨能力。通过课程学习，学生应做到：熟悉与西方政治、经济、宗教、文艺、科技等方面相关的特殊词汇与特定表达方式；了解西方文明的历史发展脉络，掌握各历史时期的重大历史事件及主要人文思想；能运用所学知识对西方文明进行理性分析，同时结合东方文明进行比较和思辨，并形成自己独到的见解。

教学内容： 本课程主要按照西方文明的发展历史，分阶段组织教学内容。主要阶段包括早期中东文明、希腊罗马时期、中世纪、文艺复兴、宗教改革、地理大发现、启蒙运动、欧洲政治革命与美国革命、现代西方文明等。讲授内容以各阶段的重大历史事件、主要人文思想，以及政治、经济、宗教、科技等的发展状况为主，同时兼顾各历史阶段之间的相关性和西方文明史的整体性。

（10）经济学导论

英语名称： Introduction to Economics

教学目标： 本课程旨在通过对经济学基本概念和基本原理的学习，形成基本的经济学思维，具有分析、判断市场经济运行机制的基本能力。通过课程学习，学生应做到：了解现代市场经济的基本运行机制，从微观和宏观两个层面增进对主要经济现象和经济问题的理解；掌握经济学的基本思想、概念与分析方法；对经济新闻和经济事件具有较强的敏感性，能运用所学理论对社会生活中常见的经济问题、经济现象进行分析，增强对现实经济行为与经济现象的观察和分析能力。

教学内容： 本课程内容分为微观经济学和宏观经济学两部分。微观经济学主要研究单个经济主体如何做出决策，内容包括供求理论、消费者选择理论、企业行为理论，着重介绍消费者的效用水平和消费决策、企业的生产成本和市场决策。宏观经济学主要研究总体经济如何运行，内容包括国民收入核算理论、宏观经济政策、失业与通货膨胀理论，重点讲授政府如何运用财政政策、货币政策实现宏观经济目标。

（11）管理学导论

英语名称： Introduction to Management

教学目标： 本课程旨在培养学生熟练掌握组织管理的基本概念与理论，认知、识别商务实践中的管理问题，具备运用相关管理理论与方法从事国际商务实践的能力。通过课程学习，学生应能做到：结合国际商务环境，识别并描述计划与决策、组织设计与组织文化、员工激励与沟通、生产诸方面控制等主要管理问题；能运用决策理论、企业文化理论、沟通理论、激励理论等相关理论与方法在跨文化商务活动中实现有关管理目标；能主动适应国际商务环境演变与技术进步条件下的管理实践变革。

教学内容： 本课程按照管理职能的知识体系组织教学内容，主要包括古典决策理论、行为决策理论以及定性与定量的决策方法；企业计划以及战略规划的制订与实施；组织结构的层级与幅度设计、人力资源规划以及招聘、培训、绩效评价，组织文化结构与建设；领导理论、需要激励理论与过程激励理论以及组织、团队及个人沟通方法；控制理论以及生产、财务等控制方法。

（12）商务导论

英语名称： Introduction to Business

教学目标： 本课程旨在帮助学生掌握从事商务活动所需的基本理论和知识，提升管理能力和市场分析能力，培养风险意识，有效解决商务实践中的具体问题。通过课程学习，学生应做到：能全面、系统地掌握商务组织运作的基本概念和知识；能系统地了解商务活动所涵盖的范围，掌握公司经营的外部环境、公司的经营、管理、财务管理等方面的运作机制，为从事商务活动和进行相关理论研究奠定基础。

教学内容：本课程内容融合了西方商务管理基本理论和我国的具体商务实践。课程内容包括商务环境、商务运行和企业创办等，重点介绍市场经济的基本运行规律和运行机制，商务组织运行环境对企业经营决策的影响，商务组织的战略管理、运营管理、财务管理、风险管理、商业伦理与社会责任等。

（13）跨文化商务交际导论

英语名称：Introduction to Intercultural Business Communication

教学目标：本课程旨在帮助学生掌握跨文化交际理论知识，并具备能将理论与实践有效结合的能力。通过课程学习，学生应做到：具备跨文化交际意识，在跨文化商务语境中解决实际问题；能建立良好的元认知并在跨文化交际中具备策略使用意识；能探究跨文化交际现象背后的问题。

教学内容：本课程内容主要涵盖跨文化交际理论和跨文化交际实践两部分。理论部分包括跨文化交际能力、文化模式、语言和非言语交际等理论知识；实践部分包括跨文化交际理论在市场营销、商务谈判、书面商务沟通、跨文化商务礼仪、跨文化商务伦理等方面的实践应用。

（14）商业伦理

英语名称：Business Ethics

教学目标：本课程旨在帮助学生理解商业活动中各主体间的伦理关系及其基本规律；理解和掌握商业活动中应遵循的伦理原则和道德规范；引导学生思考企业管理行为和经营决策的伦理正当性，在此过程中建立伦理意识，培养道德判断和伦理决策能力。通过课程学习，学生应做到：能理解企业社会责任的伦理内涵；能理解和掌握中西文化中商业文化的差异及其产生的根源；能以跨文化的视角审视国际商务活动中商业伦理、价值观、决策方式、思维模式和社会责任等方面的差异，并进行有效沟通。

教学内容：本课程主要内容包括商业伦理与商业文化、中西商业文化与商业伦理的差异、商业伦理与社会责任、企业商业伦理规范与伦理决策、企业内部管理与对外经营中的商业伦理与道德规范、全球化背景下国际商务活动中的商业伦理与社会责任、基于价值观的商业决策过程模型、商业伦理规范的形成与构建、商业伦理与企业文化建设等。

（15）中国文化概要

英语名称：Introduction to Chinese Culture

教学目标：本课程旨在使学生对中国悠久的历史、灿烂的文化和优秀的文学传统有深入的了解，培养学生对中国文化的自豪和热爱，扩展文化视野，丰富文化内涵。通过课程学习，学生应能做到向世界介绍中国的历史发展轨迹、基本国情、风土人情、民俗习惯等一般人文知识，并具备较强的跨文化交际、交流意识，能在跨文化交流中尊重文化多样性，实现有效沟通。

教学内容：本课程可以根据历史年代（古代、近代、现代）组织教学内容，也可以根据主题组织教学内容。教学主题可以包括且不限于：历史、政体、宗教、人文地理、法律制度、伦理价值观、少数民族政策、语言文字、哲学、教育、科技、艺术、民俗等。在教学材料的选择上注意材料的代表性、包容性、多样性和时代性，讲究古今结合、南北兼顾，并突出跨文化交际的视角。

（16）研究方法与学术写作

英语名称：Research Methods and Academic Writing

教学目标：本课程旨在引导学生掌握学术研究的基本方法，培养学生人文社会科学研究与论文撰写的基本能力，进而提高学生的逻辑思维能力和学术研究能力。通过本课程的学习，学生应熟悉学术研究的标准及特点，掌握学术研究的必要方法与步骤，了解学术研究的道德规范，具备基本的人文社会科学研究能力与学术创新意识；掌握英语学术论文撰写的基本格式与规范，能够进行适当的选题，并借助相应的研究方法用英语撰写学术研究论文、毕业论文和实践报告。

教学内容：本课程注重理论与实践并举，以讲授为主，并结合课堂讨论与项目学习的方式，为学生撰写学术研究论文、毕业论文、实践报告等提供课程支撑。课程主要教学内容包括：学术研究的概念、性质、特点以及学术道德与规范；学术英语写作的类型、具体写作技巧、研究论文的结构、选题、开题报告、研究论文各部分撰写规范和流程；人文社会科学的定性与定量研究和语料库等基本研究方法和常见检索工具；文献的检索、筛选、归纳、分析以及文献的引用与引证规范等。

四、阅读书目

1. 进阶（预备）阅读书目

序号	书名	作者/译者
1	*The Autobiography*	Benjamin Franklin
2	*Tales from Shakespeare*	Charles Lamb & Mary Lamb
3	*Alice's Adventures in Wonderland*	Lewis Carroll
4	*The Time Machine*	H. G. Wells
5	*Collected Short Stories*	W. Somerset Maugham
6	*The Call of the Wild*	Jack London
7	*The Turn of the Screw*	Henry James
8	*The Sketch Book*	Washington Irving
9	*The Story of English*	Robert McCrum
10	*Of Mice and Men*	John Steinbeck
11	*The Story of the Stone*	Cao Xueqin, tr. by David Hawkes & John Minford
12	*The Analects*	Confucius, tr. by Arthur Waley
13	*Chuang Tzu: Basic Writings*	Chuang Tzu, tr. by Burton Watson
14	*A History of the English Language*	Albert C. Baugh & Thomas Cable
15	*A Short History of Chinese Philosophy*	Feng Youlan

2. 必读书目

序号	书名	作者/译者
1	*Selected Essays*	Francis Bacon
2	*Selected Poems*	William Wordsworth
3	*The Merchant of Venice*	William Shakespeare
4	*Selected Stories*	Katherine Mansfield
5	*Selected Writings of Ralph Waldo Emerson*	Ralph Waldo Emerson
6	*The Story of Philosophy*	Will Durant
7	*A Tale of Two Cities*	Charles Dickens
8	*Jane Eyre*	Charlotte Brontë
9	*The Adventures of Huckleberry Finn*	Mark Twain
10	*Pride and Prejudice*	Jane Austen
11	*The Scarlet Letter*	Nathaniel Hawthorne
12	*Robinson Crusoe*	Daniel Defoe
13	*A Passage to India*	E. M. Foster
14	*The Old Man and the Sea*	Ernest Hemingway
15	*The Great Gatsby*	F. Scott Fitzgerald
16	*Dubliners*	James Joyce
17	*Heart of Darkness*	Joseph Conrad
18	*Lord of the Flies*	William Golding
19	*Sister Carrie*	Theodore Dreiser
20	*Tess of the D'Urbervilles*	Thomas Hardy

3. 推荐阅读书目

序号	书名	作者/译者
1	*Animal Farm*	George Orwell
2	*Death of a Salesman*	Arthur Miller
3	*The French Lieutenant's Woman*	John Robert Fowles
4	*Beloved*	Toni Morrison
5	*Possession*	A. S. Byatt
6	*Gulliver's Travels*	Jonathan Swift
7	*Frankenstein*	Mary Shelley
8	*Vanity Fair*	William Makepeace Thackeray
9	*Sesame and Lilies*	John Ruskin
10	*The Complete Sherlock Holmes*	Arthur Conan Doyle
11	*The Strange Case of Dr. Jekyll and Mr. Hyde*	Robert Louis Stevenson
12	*Mrs Dalloway*	Adeline Virginia Woolf
13	*Sons and Lovers*	D. H. Lawrence
14	*In a Free State*	Vidiadhar Surajprasad Naipaul
15	*Winesburg, Ohio*	Sherwood Anderson
16	*Native Son*	Richard Wright
17	*The Joy Luck Club*	Amy Tan
18	*Runaway*	Alice Munro
19	*Why Evolution is True*	Jerry A. Coyne
20	*The Story of Mankind*	Hendrik Willem Van Loon

（续表）

序号	书名	作者/译者
21	*Silent Spring*	Rachel Carson
22	*Life on the Mississippi*	Mark Twain
23	*The Story of Britain: From the Romans to the Present*	Rebecca Fraser
24	*Culture and Anarchy*	Matthew Arnold
25	*The Spirit of the Chinese People*	Hung-Ming Ku
26	*The Death of the Heart*	Elizabeth Bowen
27	*The Seven Sisters*	Lucinda Riley
28	*Madame Bovary*	Gustav Flaubert, tr. by Eleanor Marx Aveling
29	*A Winter in the Hills*	John B. Wain
30	*The Idea of a University*	John Henry Newman

后 记

研究制定《普通高等学校本科专业类教学质量国家标准》，推进国家教育标准体系建设是教育部近年来的重大改革措施之一。它的出台，对新时代背景下的外语教育将产生深远影响。

在《国标》编写初期，时任教育部高等学校外国语言文学类专业教学指导委员会英语专业教学指导分委员会（以下简称“英指委”）主任委员的仲伟合和现任主任委员蒋洪新共同倡议，依据《国标》编写一份内容更为详尽、操作性更强的教学指南，为各院校的办学实践提供具体指导，以进一步推动《国标》精神落地生根。

按照教育部“质量为王、标准先行，标准为先、使用为要”的工作方针，英指委在制定《国标》的同时，启动了《指南》的论证和编写工作。

在前期的广泛调研过程中，英指委按照“分类指导、分类卓越”的理念，以蒋洪新、仲伟合、孙有中、邓杰、王俊菊、常俊跃、许明武、王立非、冯光武、程晓堂、郭英剑、邓颖玲、陈敏哲、柴明颎、李正栓、赵军峰、叶兴国、郭桂杭、刘法公、彭青龙、平洪、文军、陈忠平等为主要成员，组建了多个编写小组，并根据学校类别和层次制订了九个具有典型代表意义的分类实施教学指南。新一届英指委（2018—2022年）成立后，围绕分类实施教学指南广泛征求意见和反复研讨，并做出了进一步修改，最终形成了本《指南》。它为英语、商务英语、翻译三个专业设计了具体的分类实施方案，在完善人才培养方案、深化教学改革、优化课程设置、更新教学内容等方面为各院校提供了较为系统的建议。

《指南》的制订，是集体智慧和劳动的结晶。

作为英指委秘书长单位，湖南师范大学全面统筹该项工作。前言、英语专业分类实施方案及后记的主要执笔人为蒋洪新、郑燕虹、曾艳钰、邓杰、黄林、罗常军，商务英语专业分类实施方案的主要执笔人为严明、佟敏强、范大伟、杨霞、李毅、程晓多、肖琼，翻译专业分类实施方案的主要执笔人为冯庆华、李德凤、肖维青、赵璧、刘全福、章艳、侯靖靖。参与调研和修订的专家还有孙有中、陈法春、洪岗、姜亚军、王文斌、常俊跃、彭青龙、许明武、王俊菊、何宁、赵军峰等，何其莘、仲伟合、戴炜栋、钟美荪、胡文仲、石坚、秦秀白、黄源深、文秋芳、邹申、张绍杰、王守仁、王宁、王克非、束定芳、查明建、周领顺等专家也提出了诸多宝贵建议。

阅读书目由湖南师范大学负责拟定。该书目的拟定，参考了国内外多份书单，并通过学术会议、调查问卷等途径征求了上百所高等学校师生代表的意见。书目以文学为主，兼顾其他，分为进阶（预备）阅读书目、必读书目和推荐阅读书目三个板块，以符合循序渐进的阅读规律。核心成员有蒋洪新、仲伟合、郑燕虹、殷企平、胡强、叶冬、陈敏哲、简功友、谢敏敏、杨安，并咨询了张隆溪、戴炜栋、陈众议、陆建德、王守仁、申丹、王克非、曹顺庆、聂珍钊、金莉、程巍、杨孝明、叶扬、李德凤、何其莘、曹莉、蒋坚松、肖明翰、董洪川、熊沐清、王东风、丁宏为、阮炜、仲伟合、虞建华、张和龙、史志康、王丽亚等专家的意见，最终由蒋洪新、张隆溪和陆建德审定。

2018年12月至2019年5月，新一届英指委先后组织专家在北京、长沙、珠海、杭州等地召开会议，对《指南》初稿进行了研讨。

2019年7月，英指委主任委员及部分专家在湖南衡阳师范学院召开会议，对《指南》进行了审议。参加会议的有蒋洪新、仲伟合、石坚、陈法春、洪岗、姜亚军、冯庆华、严明、王文斌、常俊跃、彭青龙、李德凤、曾艳钰、王俊菊、何宁、许明武、郑燕虹、黄林、邓杰、肖维青、赵璧、罗常军、李会钦、张逸岗、冯涛、许高、贺学耘、谢敏敏、杨安、吴晋先等。

2019年12月，《指南》定稿会在北京外研社大厦召开。孙有中、蒋洪新、严明、张莲、曾艳钰、肖维青、赵璧、冯涛、张逸岗、李法敏、卫昱、王茜、杨安等参加会议，对《指南》进行了审定。

《指南》的出台，离不开教育部等上级主管部门的关心和指导，离不开相关院校的倾力支持和通力配合，外语教学与研究出版社、上海外语教育出版社和高等教育出版社也给予了大力支持。在此，一并表示诚挚的感谢！